4차 산업혁명 시대 정보보안기사로 성공을 디자인하라

- 나는 정보보안기사로 당당하게 독립을 꿈꾼다

4차 산업혁명 시대 정보보안기사로 성공을 디자인하라 - 나는 정보보안기사로 당당하게 독립을 꿈꾼다

저　자 | 김동혁
펴낸이 | 최용호

펴낸곳 | (주)러닝스페이스(비팬북스)
디자인 | 최인섭
주　소 | 서울시 구로구 디지털로32가길 16 1206
전　화 | 02-857-4877
팩　스 | 02-6442-4871

초판발행 | 2020년 04월 06일
등록번호 | 제 12609호
등록일자 | 2008년 11월 14일
홈페이지 | www.bpan.com/books/
전자우편 | bpanbooks@naver.com

이 도서의 저작권은 저자에게 있으며 저자 및 출판사의 허락 없이 일부 혹은 전체 내용을 무단복제하는 행위는 저작권법에 저촉됩니다.

값 18,000원
ISBN 978-89-94797-95-3 (13500)
비팬북스는 (주)러닝스페이스의 출판부문 사업부입니다.

이 도서의 국립중앙도서관 출판예정도서목록(CIP)은 서지정보유통지원시스템 홈페이지(http://seoji.nl.go.kr)와 국가자료공동목록시스템(http://www.nl.go.kr/kolisnet)에서 이용하실 수 있습니다.(CIP제어번호: CIP2020013133)

4차 산업혁명 시대 정보보안기사로 성공을 디자인하라
- 나는 정보보안기사로 당당하게 독립을 꿈꾼다

김동혁 지음

저자의 말: 나만의 브랜드로 당당히 독립을 꿈꾼다

2029년 1월 1일 새해를 맞이하는 축포가 쏟아지는 동시에 인공지능의 공격이 시작되었다. 전 세계 인공지능 API 시장의 50%를 점유하고 있는 A사의 인공지능 알고리즘에 Pre-Singularity라고 명명된 악성코드가 침투하여 비정상적인 동작을 유발했다. 수천만 가구의 홈네트워크 서비스는 잘못된 식재료 주문을 넣었고, 병원의 인공지능 진단 서비스는 잘못된 진단 결과를 도출하였다. 전력 공급 시스템은 전력의 과부하가 발생한 것으로 오판하여, 비상 전력 가동 체계로 전환되어 핵심 기반 시설을 제외한 일반 건물에 전력 공급이 일시 중단되는 사태가 촉발되었다.

다행히 2시간여만에 알고리즘을 복구하였으나, 그 사이에 발생한 피해를 모두 복구하는 건 불가능하였다. 원인 분석 결과 절대로 뚫릴 수 없다고 믿어왔던 클라우드 기반 방어 시스템이 전 세계 20억 대의 단말로부터 동시다발적으로 유입된 대량의 공격 패킷으로 마비되었고, 이 틈을 타고 공격 코드가 주입된 것으로 확인되었다. 이를 위하여 해커는 세계적인 K-PoP 스타의 유튜브 콘텐츠 관리자 PC를 스피어 피싱(특정인을 타게팅하여 악성코드가 담긴 이메일을 발송하는 공격 기법)을 통해 감염시킨 후, 뮤직 비디오 동영상에 악성코드를 주입하였고, 동영상을 시청한 전 세계 팬들의 약 20억 개에 달하는 TV, 스마트폰, PC, 스마트 안경을 좀비 단말로 만들었다.

물론 위의 시나리오는 가상으로 지어낸 것으로, 2029년은 레이 커즈와일(미래학자, 구글 엔지니어링 이사)이 인간의 지능을 초월한 인공지능이 나올 것이라고 예측한 해이다. 그 후로 16년 뒤인 2045년이 되면 인공지능이 인류 전체의 지능을 초월하는 특이점$_{Singularity}$에 도달할 것이라고도 예측했다.

인공지능은 지금도 4차 산업혁명의 견인차 역할을 하며 산업 전반의 다양한 분야에서 인류에게 획기적이고 편리한 서비스를 제공하고 있다. 인간보다 정확한 판단력, 24시간 쉬지 않고 일할 수 있는 체력, 망각을 모르는 기억력, 감정에 휘둘리지 않는 냉철함으로 의사보다 빠르고 정확하게 질병을 진단하고, 600명의 트레이더가 한 달간 처리해야 할 투자 분석 업무를 반나절만에 처리하고, 레스토랑에서 시간당 240개의 햄버거를 지치지 않고 만들고, 온라인 쇼핑몰에서 고객이 주문 버튼을 누르기도 전에 예측하여 배송 처리를 하고 있다.

그러나 이런 편리함의 이면에는 사이버 공격의 위협 또한 도사리고 있다. 특히, 최근의 사이버 공격은 해킹 도구의 대중화 및 지능화에 따라 기업과 개인 구별 없이 국경을 초월한 전방위 공격을 통해 정보 유출, 무결성 훼손, 기반 시설 파괴, 사생활 침해, 생명 위협 등 피해 범위 및 수준이 기하급수적으로 증가하고 있다. 위의 가상 시나리오와 같은 일들이 언제라도 발생할 수 있으며, 사이버 보안을 간과하는 개인, 기업, 국가는 존립 자체가 불가능한 시대가 도래하였다.

이제, 사이버 보안 역량 강화는 총성 없는 사이버 전장에서 국가의 안보와 경쟁력을 유지하기 위한 필수적인 요소가 되었다. 그러나 과거와 같이 백신 업체와 기업 및 기관의 전문적인 사이버 보안 인력에만 의존하는 방식으로는 지능화된 사이버 보안 위협에 대응이 불가능하다.

사스, 메르스, 신종 코로나 바이러스와 같은 전염병이 창궐했을 때 감염의 확산을 막으려면 국민, 정부 그리고 전 세계적인 공조 체계가 필요하다. 국민들은 손 씻기, 마스크 쓰기와 같은 생활 수칙을 준수해야 하고, 정부는 의료 당국과 협력하여 감염 경로 추적 및 감염자 관리를 철저히 해야 하고, 국가 간에는 출입국 통제를 강화하고 질병 관련 정보를 공유하는 노력이 필요하다. 이 중 어느 한 곳이라도 틈새가 생기면 바이러스는 놓치지 않고 활개를 치게 된다.

사이버 보안도 마찬가지다. 국민들은 스마트폰과 PC를 사용할 때 백신을 필수로 설치하고, 최신 업데이트를 유지해야 하며, 의심스러운 이메일은 클릭하지 말아야 한다. 기업 및 공공 기관은 보안 정책을 수립하고 임직원들은 각자 맡은 업무를 수행할 때 보안 정책을 철저히 준수해야 한다. 변화하는 보안 환경을 지속적으로 관찰하고, 사회와 조직 구석구석에 보안 DNA를 전파할 수 있는 보안 전문 인력을 양성하는 것도 매우 중요하다. 이는 마치 전염병에 전파력이 강한 슈퍼 전파자가 존재하듯이, 보안 의식을 전파할 수 있는 긍정적 의미의 슈퍼 전파자가 국가의 사이버 보안 경쟁력에 큰 영향을 미친다는 의미이다.

이런 시대적 변화의 조류 속에서, 슈퍼 전파자 역할을 수행할 수 있는 사이버 보안 인력의 수요가 급증하고 있으며, 인력의 역량을 객관적으로 평가할 수 있는 방법으로 정보보안기사 자격증이 부각되고 있다.

정보보안기사는 합격률이 10% 내외에 불과한 상당히 난이도가 높은 자격증으로, 타 자격증처럼 문제은행 중심의 암기식으로는 합격이 불가하며, 기술과 법령을 포함한 정보보안 전체 영역에 대한 이해 중심의 학습이 요구되기 때문이다.

이에 따라, IT 분야에 진출하고자 하는 취업 준비생 및 자기계발 방법을 모색하고 있는 직장인들에게 있어, 정보보안기사는 워너비 자격증으로 인기가 치솟고 있다.

정보보안기사 자격 시험은 1년에 약 10,000명 정도가 응시하고 있으며, 대학교 졸업생, 직장인을 중심으로 응시자 수가 계속 증가하고 있다. 그러나 이론을 체계적으로 설명하고 기출 문제와 출제 예상 문제를 수록한 양질의 도서가 판매되고 있음에도, 장기간 집중력 있게 공부해야 하는 시험의 특성상 많은 수험생들이 책을 구입하고도, 효과적인 학습 방법을 찾지 못해 어려움을 겪고 있다. 또한 어떻게 학습해야 할지 갈피를 잡지 못하고 학습을 시작조차 못하고 있는 예비 수험생들도 많은 상황이다.

이 책은 이러한 문제의식에 따라 저자가 직강하고 있는 정보보안기사 양성 과정의 수험생과 직장에 근무하고 있는 예비 수험생들의 애로 사항을 반영하여 다음의 3가지를 핵심 내용으로 담았다.

> 첫째, 본격적인 학습에 앞서 정보보안 직무의 꿈과 비전을 제시함으로써 명확한 목표의식을 가지고 학습에 임하도록 동기를 부여한다(1장, 2장).
>
> 둘째, 정보보안 전체 도메인의 숲을 파악하고, 각 과목별 핵심 내용을 원리 중심으로 이해할 수 있도록 요약함으로써 학습을 위한 기본기를 다지고, 효과적으로 시험을 준비하는 방법을 6가지 자기관리 방법과 연계하여 제시한다(3장, 4장).
>
> 셋째, 자격증 취득 후의 경력 개발 경로를 제시하고, 나아가 정보보안 전문가로서 나만의 성공 브랜드를 만들어 제2의 인생을 준비하는 방법을 저자의 20년 경험을 기반으로 제시한다(5장, 6장).

다음과 같은 이들에게 이 책을 권한다.

> 정보보안기사 취득을 통해 정보보안 직무로 경력 계발을 희망하는 대학교 재학생 및 직장인, 시중에 출시된 정보보안기사 수험서로 학습을 하고 있으나 계속 불합격의 고배를 마시며 효과적인 학습 방법을 찾지 못해 고민하고 있는 수험생.

이 책을 통하여, 정보보안기사 자격증을 단지 이력서의 한 줄을 채우기 위한 수단이 아니라, 더 크고 원대한 꿈과 목표를 달성하기 위한 디딤돌로 삼기를 바란다. 뜨거운 가슴과 열정적인 영혼을 가지고, 인생의 주인으로서 당당히 독립을 꿈꾸는 여러분들을 응원한다.

끝으로, IT 분야의 인력 양성과 전문 서적 출판에 선도적인 마인드를 가지고 이 책을 정성스럽게 편집해서 여러분 앞에 소개해준 비팬북스의 최용호 대표님께 진심으로 감사의 말씀을 드린다.

2020년 3월 28일
2045년 인공지능과 함께하는 유토피아를 꿈꾸며
김 동 혁

목차

저자의 말: 나만의 브랜드로 당당히 독립을 꿈꾼다 · 005

CH 1 정보보안기사 자격증은 선택이 아닌 필수 · 013

- 01 **증가하는 정보보안 위협의 심각성** · 015
  - 프롤로그 · 015
  - 과거의 사이버 공격(해킹)은? · 015
  - 최근의 사이버 공격(해킹)은? · 016
- 02 **정보보안 위협에 어떻게 대응해야 하는가?** · 019
  - 다계층 보안 · 019
  - 선택과 집중 전략 · 020
  - 핵심은 사람 · 022
- 03 **미래는 어떤 인재를 필요로 하는가?** · 023
  - 미래에 살아 남을 직업은? · 023
  - 어떤 인재가 살아 남을 것인가? · 023
- 04 **정보보안기사 자격증은 미래로 향하는 급행열차의 티켓** · 025
  - 정보보안의 숲을 보게 된다 · 025
  - 정보보안형 사고방식은 21세기 미래 인재의 핵심 요건 · 026
  - 생활 속에 스며드는 정보보안 · 026

CH 2 정보보안기사 한번 도전해 볼까? · 029

- 01 **정보보안기사 자격 검정 안내** · 031
- 02 **시험 과목 및 출제 기준** · 032
  - 필기 시험 과목 및 출제 기준 · 032
  - 실기 시험 과목 및 출제 기준 · 034
- 03 **응시 자격** · 036

04 **합격률 및 준비 기간** · 038
  합격률 · 038
  준비 기간 · 040

CH 3 일주일 만에 완성하는 정보보안기사 합격 기본기 · 043

01 **학습의 시작은 출제 경향 파악에서부터** · 045
  필기 시험 출제 경향 · 045
  실기 시험 출제 경향 · 056

02 **과목별 핵심 원리 이해를 통해 합격을 위한 기본기 다지기** · 079
  첫 번째, 정보보안의 숲을 파악하라 (큰 그림 그리기) · 079
  두 번째, 시스템 보안 이해하기 · 082
  세 번째, 네트워크 보안 이해하기 · 086
  네 번째, 애플리케이션 보안 이해하기 · 090
  다섯 번째, 정보보안 일반(요소 기술) 이해하기 · 095
  여섯 번째, 정보보호 관리 이해하기 · 101
  일곱 번째, 정보보호 관련 법규 이해하기 · 107

03 **필기 시험 합격의 핵심은 반복 학습 및 오답 풀이** · 121

04 **실기 시험 합격의 핵심은 원리의 이해 및 실무 역량 배양** · 124

CH 4 정보보안기사 한방 합격과 성공하는 인생을 위한 6가지 자기관리 비법 · 129

01 **목표 설정하기** · 132
02 **계획 수립하기** · 135
03 **시간 관리하기** · 139
04 **습관 관리하기** · 146
05 **열정 관리하기** · 149
06 **지속성 관리하기** · 153

CH 5 정보보안기사 합격 날개를 타고 그려보는 나만의 성공 로드맵 · 159

- 01 정보보안 직무로 경력 개발하기 · 162
- 02 IT 분야 직무로 경력 개발하기 · 172
- 03 H자형 인재로 변모하기 위한 정보처리기술사 도전하기 · 176
- 04 1인 브랜드 기반 전문가 활동 도전하기 · 178
  - 정보보안 전문가로서의 브랜드를 가지고 N잡러로서 활동할 수 있는 방법은 · 178

CH 6 정보보안 업계 종사자들로부터 듣는 생생한 현장의 소리 · 189

- 01 보안 정책 및 리스크 관리(A사 박OO 대리) · 192
- 02 보안 기획 및 솔루션 운영 총괄(B사 이OO 부장) · 194
- 03 계정 관리 및 접근 통제 총괄(C사 이OO 부장) · 196
- 04 보안 관제 및 모니터링 총괄(D사 문OO 부장) · 198
- 05 보안 취약점 점검 및 조치 현황 관리(E사 윤OO 과장, 김OO 대리) · 200
- 06 개인신용 정보보호 총괄(F사 이OO 부장) · 202

부록 정보보안기사 실기 시험 대비 실습 환경 구축 방법 · 203

1장

정보보안기사 자격증은 선택이 아닌 필수

1. 증가하는 정보보안 위협의 심각성

프롤로그

며칠 전 지인이 자문을 요청했다. 집에 있는 PC에 저장된 모든 파일의 확장자가 바뀌더니 사용할 수 없는 상태가 되었다고 했다. 확인해 보니 랜섬웨어에 감염되어 파일들이 암호화되었고, 비트코인으로 대금을 입금해야만 파일을 원상태로 복구할 수 있는 복호화키를 받을 수 있는 상황이었다. 복호화할 방법을 백방으로 찾았으나 강력한 128비트 암호화 알고리즘으로 암호화된 파일을 복호화하는 것은 불가능했다. 결국 PC에 저장된 파일을 복구하는 것을 포기하기로 했다. 만약, PC에 중요한 자료가 저장되어 있었다면 울며 겨자먹기로 수백만 원 상당의 대금을 입금해야 했을 것이다.

중요 정보의 유출을 방지하기 위하여 암호학자들이 선의의 목적으로 개발한 암호화 알고리즘이 해커의 손에서 PC에 저장된 파일을 볼모로 대금 입금을 요구하는 협박 수단으로 둔갑한 것이다.

노벨이 광산에서 채광을 목적으로 사용하던 니트로글리세린 폭탄의 안전성을 개선하기 위하여 발명한 다이너마이트가 1차 세계대전과 2차 세계대전에서 수많은 인명을 살상한 전쟁 무기로 사용된 것과 같은 일이 정보보안 세계에서도 똑같이 재현되고 있는 것이다.

과거의 사이버 공격(해킹)은?

1999년 4월 26일 우리나라의 모든 가정, 회사, 정부부처 및 공공기관의 수많은 PC가 먹통이 되는 사태가 발생했다. PC를 켜는 순간 메인보드의 롬 바이오스와 하드디스크의 모든 자료를 날려버리는 CIH 바이러스에 감염된 것이었다. 범인은 대만의 대학생 천잉하오 Chen Ing Hau였다. CIH 바이러스를 계기로 안철수 연구소와 하우리 등 백신 관련 업체의 인지도가 높아졌고, 컴퓨터 보안의 중요성이 크게 부각되었다.

PC를 대상으로 한 바이러스가 기승을 부리던 1990년대가 지나고 2000년대로 접어들면서 사이버 공격의 대상이 PC에서 인터넷망으로 넘어가게 된다. 그 대표적인 사례가 2003년 1월 25일 한국을 비롯한 전 세계 인터넷을 마비시켰던 슬래머웜이다. MS의 SQL DB 서버의 취약점을 이용하여 네트워크에 과부하를 일으키는 공격 기법을 통하여, 전국의 인터넷망이 마비되었고 피해 규모가 수조원에 달했다. MS사는 2002년 해당 취약점을 발견하고 패치를 발표했으나 국내 기업의 안이한 대응으로 인해 인터넷 대란이라는 피해를 초래하게 되었다.

이후 2009년 7.7 DDoS, 2013년 3.4 DDoS와 같이 DDoS Distributed Denial of Service 공격이 기승을 부리기 시작했다. 7.7 DDoS의 경우 가정 및 PC방에 있는 약 18만 대의 좀비 PC를 통해 국내 21개 사이트가 마비되었다. 사이버 공격의 타깃이 기업에서 운영 중인 시스템으로 넘어가게 된 것이다.

즉, 과거의 사이버 공격은 소수의 전문가 해킹 집단으로부터 단순 과시 목적으로 시작되어 PC와 서버의 서비스 마비를 목적으로 발전해 왔다고 요약할 수 있다.

최근의 사이버 공격(해킹)은?

2008년 B 온라인 쇼핑몰에서 1800만 명의 개인 정보(이름, 주민번호, 주소, 전화번호 등) 유출 사고가 발생하였다. 한국의 브로커와 해커가 결탁하여 범죄를 저지른 것인데, 전문 해커가 아닌 초심자였다고 한다. 중국에선 10~20만 원이면 해킹 프로그램 구매가 가능하여 전문 지식이 없는 초심자 Script Kid도 해킹 프로그램 사용법만 익히면 누구나 해커가 될 수 있다. 일명 해킹의 대중화 시대가 열린 것이다.

한편 B 온라인 쇼핑몰의 경우 피해자들을 통하여 법정 소송까지 진행되었지만 결국 원고 패소 판결로 피고 측에 법적 책임이 없다는 결론이 났었다. "원고는 B 쇼핑몰이 방화벽을 설치하지 않았다고 주장했지만, 이는 법적 의무가 아니며 당시 다수 업체가 방화벽을 신뢰하지 않아 이용하지 않았던 것을 고려하면 잘못이 있다고 보기 어렵다"라며 피고에 과실이 있는 것으로 볼 수 없다고 판결한 것이다. 방화벽 설치가 너무도 당연시된 요즘 시대를 생각해 봤을 때 그 당시 보안에 대한 우리의 마인드가 어떠했는지 격세지감이 느껴진다.

2000년대 들어서 개인 정보 유출 사고 발생이 증가하면서 개인 정보보호 강화를 위한 논의가 이루어졌다. 이에 따라 2005년 주민번호를 통한 본인 확인을 대체하기 위해 아이핀I-PIN이 도입되었고, 2011년 개인정보보호법이 본격적으로 시행되기에 이르렀다.

이와 같이 보안 기술이 발달하고 법 제도가 강화되면서 해킹 기술도 더욱 지능화되기 시작했다. 마약에 대한 경찰의 단속을 피하기 위해 암시장을 통한 불법 거래가 이루어지는 것과 마찬가지로, 정보의 개방성과 연결성을 표방하는 인터넷에도 암시장이 확산되고 있다. 즉, 감시와 통제를 우회하여 토르와 같은 특수한 브라우저가 있어야 접속되거나, 회원만 접속 가능한 다크웹이 그것이다. 다크웹에서는 특정 기업을 겨냥하여 정교하게 개발된 표적 공격 도구, 인터넷 사이트들에서 유출된 사용자 계정 데이터 등이 거래되고 있으며, 암호화 통신을 사용하고 비트코인을 결제 수단으로 사용함으로써 감시 기관의 추적을 더욱 어렵게 하고 있다.

특히 다크웹 내에서도 판매자들 간에 시장 경쟁의 원리가 적용되어 특정 목적에 맞게 특화된 맞춤형 멀웨어(일명, 서비스형 멀웨어)가 확산되고 있다. 포춘 상위 기업의 네트워크에 침투할 수 있도록 해주거나, 특정 ATM 기기를 해킹할 수 있는 도구들이 활발하게 거래되고 있다. 가격이 비싼 제품의 경우 AS 및 보증 기간을 포함하고 있으며, 고객 지원의 경우 텔레그램과 같은 암호화 지원 앱을 이용하여 이뤄지고 있다. 즉, 사이버 범죄 도구 판매가 수익 사업의 형태로 자리잡고 있으며, 사이버 범죄자가 되기 위한 진입 장벽이 낮아지고 있는 셈이다.

대표적인 서비스형 멀웨어로 랜섬웨어가 있다. 2017년 6월 웹호스팅 업체의 리눅스 서버가 랜섬웨어에 감염되어 서버 내 파일들이 암호화되었고, 해당 업체의 서비스를 이용하고 있던 3400여 개의 웹사이트가 마비되는 사태가 발생했다. 결국, 복호화 비용으로 13억 원의 거액을 지불했음에도 해커의 복호화 프로그램 오류 등으로 인하여 완벽한 복구에는 실패했다. 평상시 데이터 백업과 보안 패치 적용의 중요성을 일깨워준 대표적인 사건이었다.

금융권을 대상으로 하는 공격도 더욱 지능화되어 자금 이체를 조작하는 수준으로 진화되었다. 2016년 발생한 방글라데시 중앙은행 해킹 사건의 경우, 악성코드에 감염된 내부 서버에 침투하여 거래 전송 시스템의 계정을 탈취한 후 방글라데시 중앙은행 관계자로 위장하여 필리핀 은행과 스리랑카 은행으로 송금 거래가 이루어졌다. 뒤늦게 회수에 나섰지만 카지노 등을 통해 자금 세탁이 이루어진 탓에 전액을 회수하는 데는 실패했다. 이후 2017년, 인도 은행도 유사한 공격을 받았으나 다행히 송금 절차 진행 중 발견되어 자금을 모두 회수할 수 있었다.

국가 주요 기반 시설을 대상으로 하는 공격은 피해가 더욱 심각하다. 2015년 말 우크라이나 서부 지역에 위치한 발전소의 전력 제어 시스템에 악성코드(블랙에너지)가 침투하여 대규모 정전 사태가 발생했다. 2017년 사우디아라비아 석유화학 공장 시설의 중단 원인을 조사하던 중 발견된 악성코드(트리톤)는 산업 시설을 물리적으로 파괴하기 위한 목적으로 제작되어, 독가스 누출 등 비상사태 때 최후 방어막 역할을 하는 비상 안전 장치까지 제어하려 한 정황이 발견되기도 하였다. 2019년 3월에 베네수엘라에서 발생한 수력발전소 설비 고장 사건은 국가 기반 시설인 전력망 손실이 어떻게 사회 혼란으로 이어지는지를 명확하게 보여주었다. 전국 23개 주 가운데 19개 주가 암흑에 빠져 응급환자는 생사기로에 놓였고, 냉장 식품은 모두 버려야 했으며, 교통 대란와 대규모 약탈이 발생했다. 정전 사태 원인이 명확하게 사이버 공격이라고 확인되지는 않았지만, 기반 시설 보호의 중요성을 일깨워준 사건이었다.

오늘날 우리는 5G 네트워크 기술로 모든 사물이 초 연결되어 편리하고 지능화된 서비스를 이용할 수 있는 IoT(Internet of Thing) 시대를 살아가고 있다. 그러나 이런 편리함의 이면에는 사이버 공격의 위협이 도사리고 있다. 2016년 1월 전 세계 7만 여대의 IP 카메라가 해킹되어 인세캠(Insecam)이라는 사이트를 통해 생중계되는 사건이 발생했다. 공격자는 공장 출고 당시에 기본 설정된 계정 정보를 바꾸지 않은 IP 카메라를 해킹 대상으로 하였으며, 이를 통해 가정집, 공연장, 사무실, 미용실, 헬스클럽, 카페 등의 장소가 공개되었다. 그 밖에 IoT와 관련된 보안 위협으로는 노트북, 스마트 TV에 탑재된 카메라를 해킹하여 사생활 영상을 유출하고, 스마트카의 차량 네트워크에 침투하여 사고를 일으키거나, 환자의 몸에 부착된 인슐린 펌프를 조작하여 생명에 위협을 주는 등 다양한 시나리오가 가능하다.

즉, 최근의 사이버 공격은 해킹 도구의 대중화 및 지능화에 따라 기업과 개인 구별 없이 국경을 초월한 전방위 공격을 통해 정보 유출, 무결성 훼손, 기반 시설 파괴, 사생활 침해, 생명 위협 등 피해 범위 및 수준이 기하급수적으로 확대되고 있다고 요약할 수 있다. 이제, 사이버 보안 역량 강화는 총성 없는 사이버 전장에서 국가의 안보와 경쟁력을 유지하기 위한 필수적인 요소가 된 것이다.

2. 정보보안 위협에 어떻게 대응해야 하는가?

국경을 초월하여 생활 깊숙한 곳까지 침투하고 있는 보안 위협에 어떻게 대응해야 할까? 이제 정보보안은 백신 업체, 국가 기관과 같은 소수의 노력만으로는 감당할 수 없는 수준이 되었다. 정보보안 위협 대응 방안으로 다계층 보안, 선택과 집중 그리고 사람을 이야기하고자 한다.

다계층 보안

아파트의 경우 범죄자의 침입을 방지하기 위해 아파트 출입구에 경비실이 있고, 각 동별 출입구에서는 출입카드가 있거나 비밀번호를 입력해야 들어갈 수 있고, 엘리베이터 안에는 CCTV가 있으며, 현관문도 열쇠 또는 비밀번호로 보호되어 있다. 즉, 하나가 아닌 여러 단계의 보호 대책이 마련되어 있어, 범죄자가 침입 시도 자체를 못하도록 단념시키거나, 침입을 어렵게 하고, 침입 시도 여부를 조기에 탐지하여 대응할 수 있다.

정보보안의 경우도 아파트 안전 관리와 유사하게 다계층 보안 체계를 갖추는 것이 매우 중요하다. 계층이 두터우면 두터울수록 하나의 계층에 취약점이 발견되어 뚫리더라도, 방어막의 끝단에 위치한 중요 자산을 안전하게 보호할 수 있다.

▷ 다계층 보안 통제 개념도

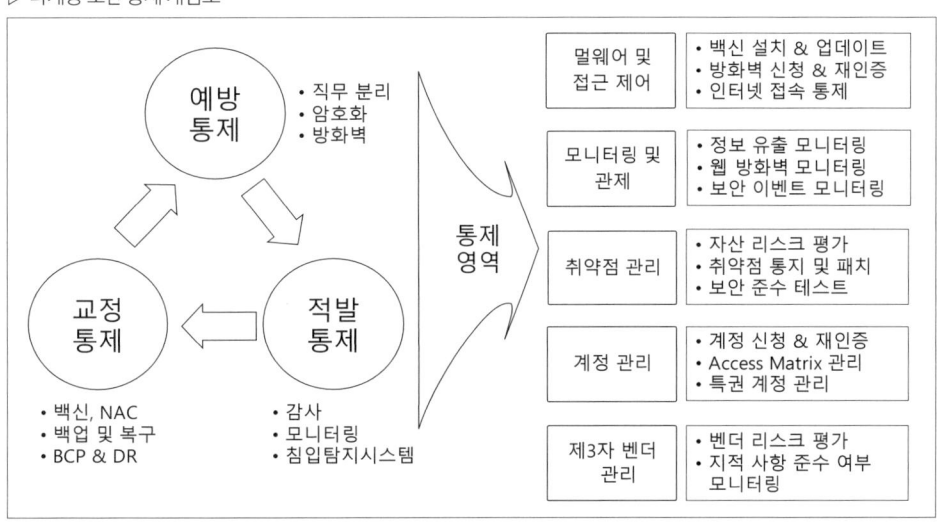

정보보안의 통제는 적용되는 시점에 따라 크게 3가지 유형으로 구분할 수 있다. 예방 통제를 통해 침입 가능 경로를 최소화하고, 적발 통제를 통해 침입 시도를 탐지하고, 교정 통제를 통해 침입이 식별되는 경우 적시에 대응할 수 있다.

이러한 통제 유형의 밑바탕에는 촘촘한 그물망을 구성하는 다단계 통제가 영역별로 적용된다. 멀웨어의 감염으로부터 보호하기 위한 백신 설치, 인터넷 접속 통제, USB와 같은 매체 제어, 방화벽을 통한 NW 접근 제어가 첫 번째 보호망이다. 두 번째는 최소한의 권한만 필요한 사람에게 주어지도록 계정 및 권한 관리가 필요하다. root 계정과 같은 특권 계정은 승인을 받아 사용하고, 사용 이력을 철저히 모니터링해야 한다. 세 번째 보호망은 취약점 관리이다. 시스템 배치 시 표준 보안 통제가 적용되고, 알려진 취약점 조치를 완료하고, 배치 후 운영 단계에서도 주기적인 점검이 필요하다. 네 번째는 적용된 보안 통제 수행 과정에서 보안 사고로 이어질 수 있는 이벤트를 조기에 탐지하고 대응하기 위한 상시 모니터링 및 관제이다. 마지막으로 제3자 벤더로부터 제공받는 서비스의 신뢰성을 보장하기 위하여 벤더의 리스크를 평가하고 관리하는 활동도 소홀히 하면 안 된다.

이렇게 적용된 다단계 통제는 한번 적용하고 끝나는 것이 아니라 통제 효과성을 주기적으로 검토하여 미흡한 부분을 개선하는 활동이 반드시 수반되어야 한다.

선택과 집중 전략

그렇다면, 앞서 이야기한 다계층 보안은 어떻게 적용해야 할까? 전 세계의 모든 보안 위협에 대응할 수 있고, 기업 내부의 자산에 내재된 모든 취약점을 100% 제거하도록 보안 통제를 적용하면 되지 않을까?

기업 내 저장된 모든 데이터를 암호화하고, 내부망도 모든 전송 구간을 암호화하고, 모든 시스템을 이중화하고, 재해 복구 센터에는 주 센터와 동일한 설비와 시스템을 구축하고, 전문 IT 인력과 비즈니스 담당자들이 재해에 대비하여 상시 근무하도록 하는 것이다. 또한 알려진 모든 취약점은 비즈니스 영향도에 관계없이 식별되는 즉시 시스템을 중단시키고, 모든 인력을 총동원한다. 또한 알려진 모든 보안 위협에 대응할 수 있는 최신 보안 솔루션과 업무 시스템을 즉시

도입하여 적용한다. 다소 과장되게 이야기했지만, 만일 이와 같이 단 0.001%의 틈새도 용인하지 않겠다는 정보보안전략을 적용하면 어떠한 결과가 나타날까?

정답은 "그 기업은 망한다"이다.

왜냐하면, 보안을 위해 투자하는 비용이 기업의 수익을 초과하는 상황이 발생할 수 있고, 보안 취약점 적용 과정에서 비즈니스 영향도를 고려하지 않아 비즈니스가 중단되는 사태가 발생할 수 있기 때문이다. 무엇보다 중요한 건 이렇게 과도한 보안 투자를 하더라도 갈수록 지능화되고 있는 보안 위협을 100% 막을 수 있는 완전 무결한 보안 통제는 불가능하다는 사실이다.

따라서 이에 대한 대안으로 선택과 집중에 따른 리스크 기반 전략을 구사해야 한다. 리스크 기반 전략에서의 핵심적인 요소는 위협, 자산, 취약점이다. 내외부의 보안 위협과 자산에 내재된 취약점을 기반으로 리스크에 대한 평가를 수행하고, 리스크가 높은 자산에 우선순위를 두고 보안 대책을 적용하는 것이다. 보안 대책을 적용하는 경우에도 리스크의 완전 제거가 아니라 수용 가능한 수준으로 경감시키는 범위 내에서 목표를 가져가야 한다.

▷ 리스크 기반 전략

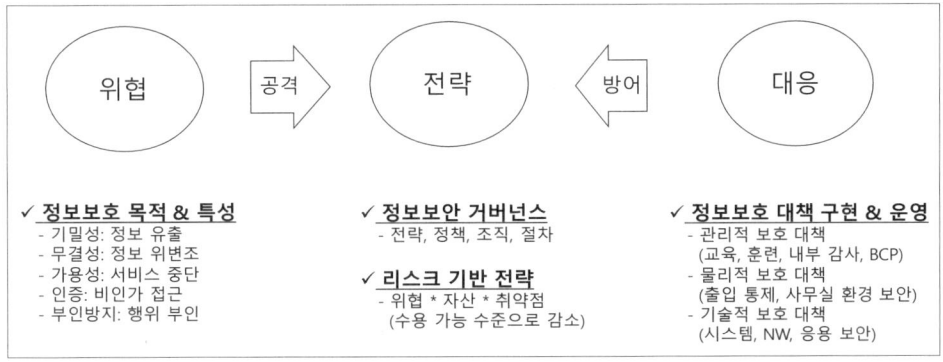

리스크 기반 전략에서는 해당 조직이 수용 가능한 리스크의 감내 수준인 위험 수용 성향Risk Appetite를 정하는 것이 중요하다. 이에 따라 리스크 평가 매트릭스를 작성하고, 리스크의 등급을 평가하는 기준이 만들어진다.

핵심은 사람

선택과 집중의 전략으로 다계층 보안 통제를 적용함에 있어 가장 중요한 요소는 바로 사람이다.

일차적으로 사람은, 정보보안 기술과 프로세스를 도입하여 적용하고 운영하는 주체이다. 최신 인터넷 접속 통제 솔루션을 도입하여 운영하는 경우, 통제 정책을 설정하는 주체는 바로 사람이다. 정책 설정 담당자가 실수 또는 고의로 허용해서는 안 되는 사이트를 허용하면 어떤 일이 발생할까? 모니터링 담당자가 인터넷 접속 이력 모니터링을 소홀히 하거나, 눈감아 주면 어떻게 될까? 즉, 아무리 강력한 보안 통제 솔루션을 적용하더라도 운영 주체인 사람이 고의 또는 실수로 잘못 관리하면 무용지물이 되는 것이다. 따라서 중요한 시스템의 경우 두 명 이상이 관리하도록 하는 이중 통제가 필요하다.

두 번째로 사람은 적용된 정보보안 통제를 준수해야 하는 수행 주체이다. 내부 또는 외부 직원은 조직에서 수립한 보안 정책 및 절차에 따라 업무를 수행해야 할 책임이 있다. 관리자는 부하 직원이 사용하는 시스템의 계정 및 권한이 직무에 맞는지 검토하고 승인할 책임이 있고, 직원은 주어진 권한을 남용하지 않고 필요한 범위에서 목적에 맞게 사용해야 한다. 자신의 계정은 공유하지 말아야 하며, 책상 위에는 중요한 서류가 방치되지 않도록 해야 한다. 의심 가는 이메일은 클릭하지 말아야 하며, 외부 직원과 함께 일하는 경우 불필요한 정보가 공유되지 않도록 해야 한다. 즉, 조직 내 구성원이 보안 정책과 절차를 준수할 수 있도록 지속적인 교육을 통해 정보보안이 조직 문화로서 내재화되어야 한다.

이제, 정보보안은 모든 직원이 반드시 갖추어야 할 필수 역량 중 하나가 되었다. 나아가서, 국민의 정보보안 역량이 국가 경쟁력을 좌우하는 시대가 도래한 것이다.

3. 미래는 어떤 인재를 필요로 하는가?

미래에 살아 남을 직업은?

오늘날 우리는 인공지능, 빅데이터, 사물인터넷, 5G 기술이 이끌고 있는 4차 산업혁명 시대를 살고 있다. 이러한 신기술의 발전에 따라 국경의 실질적 의미는 점점 약해지고 있고, 사람이 할 수 있는 일을 기계가 대체할 수 있게 되면서 미래 직업의 패러다임이 바뀌고 있다. 〈인공지능 AI 공존 패러다임, 김송호〉에서는 다음과 같이 미래 일자리의 변화 방향을 이야기하고 있다.

> 산업사회가 소유와 경쟁을 기반으로 한다면 인공지능 시대는 공유와 상생을 기반으로 하고 있다. 소유는 더 이상 사업의 필수 조건이 아니며 실물 자산을 소유하고 있지 않으면서 콘텐츠 플랫폼을 소유한 기업들의 힘이 커지고 있다. 인공지능이 단순 업무를 대체하고, 제품 수명이 짧아지기 때문에 청년 일자리 수가 감소하고 있으며, 비정규직 형태의 독립형 일자리(긱워크 Gig Work)의 비중이 커질 것이다.

즉, 산업사회에서 중요했던 효율을 높이는 일은 기계가 대체하고, 소비자에게 가치를 창출하고 기업에 이익을 가져오는 콘텐츠 창출 능력이 인간의 경쟁력이 될 것이라는 이야기다. 또한, 〈4차 산업혁명 시대 전문직의 미래, 리처드&대니얼 서스킨드〉에서는 변호사, 의사, 회계사와 같은 전문직의 업무도 기본적인 작업 요소들로 분해되어 기계 및 일반직에 대체되어 보다 저렴한 비용으로 이용할 수 있을 것으로 예상하고 있다. 전문직은 더 이상 신비스러운 영역으로 남아있지 않게 될 것이며, 창의성, 통찰력, 깊이 있는 경험이 필요한 분야에서만 차별성을 갖게 될 것이다.

어떤 인재가 살아 남을 것인가?

〈인공지능 AI 공존 패러다임, 김송호〉에서는 앞으로 기업은 고객 및 다른 기업과 공유와 상생에 기반한 수평적 관계를 가져야 하며, 인공지능 시대에 적합한 스마트 비즈니스맨의 유형을 다음 4가지로 정의하고 있다.

① 네트워크형 인재: 차별화된 최고 능력을 가진 외부 기업을 찾고 협업을 창출하는 인재

② 스마트 스킬을 갖춘 인재: 인공지능의 하드 스킬과 인간적인 소프트 스킬을 융합하여 활용할 수 있는 인재

③ T자형 인재: 자기 분야는 깊게, 주변 분야 지식은 넓게 아는 제네럴리스트

④ H자형 인재: 자신과 타인의 차별화된 최고 능력을 네트워크로 조합할 수 있는 인재

이제, 성실하고 근면한 인재가 인정받으며 성과를 내는 시대는 지났다. 미래에는 인간을 중심에 두고 자신과 타인의 차별화된 능력을 네트워킹을 통하여 조합할 수 있는 스마트 스킬을 가진 인재가 이끌어 가고, 공유와 상생에 기반하여 수평적으로 협업하는 기업만이 살아남을 수 있다. IT 및 정보보안 분야도 이러한 변화의 흐름을 읽고, 철저하게 준비하는 자만이 달콤한 성공의 열매를 맛볼 수 있다. 특히 정보보안의 경우 미래 인재가 갖춰야 할 핵심 역량 중 하나이고, 스마트 스킬을 가진 인재가 더욱 필요한 분야임을 고려할 때 향후 전망이 밝다고 할 수 있겠다.

4. 정보보안기사 자격증은 미래로 향하는 급행열차의 티켓

미래는 기하급수적인 속도로 발달하는 기술의 진보에 의해 나의 의지와 무관하게 가까워지고 있다. 이러한 미래의 변화 방향을 읽고 빠른 속도에 맞춰 대응하려면 어떤 준비가 필요할까? IT 전문가를 목표로 하고 있다면, 변화의 방향을 제대로 읽은 것이며, 미래로 향하는 열차의 플랫폼을 잘 찾았다고 할 수 있다. 여기서 한발 더 나아가, 정보보안기사 자격증을 취득하는 것은 IT 전문가로서 나만의 브랜드 파워를 높일 수 있는 미래로 향하는 급행열차의 티켓을 얻는 것이라고 할 수 있다.

정보보안의 숲을 보게 된다

정보보안기사를 다음과 같이 정의할 수 있다.

> 전문 이론과 실무 능력*을 기반으로 IT 기반 시설 및 정보에 대한 체계적인 보안 업무 수행**이 가능한 자
> *전문 이론과 실무 능력: 시스템 및 솔루션 개발, 운영, 관리, 컨설팅 능력
> **보안 업무 수행: 정보보호 계획 수립, 위험 분석, 대책 구현, 관제 및 대응 능력

즉, 단편적인 기술이 아니라 시스템, 네트워크, 애플리케이션에 대한 종합적인 이해를 바탕으로 보안 위협에 대한 대응 방안을 수립할 수 있는 실무 능력이 요구된다. 빠르게 변화하는 보안 위협과 대응 기술을 지속적으로 파악해야 한다. 또한 국제 표준과 법 제도에 대한 이해를 기반으로 실무에 적용할 수 있어야 한다. 정보보안에 관련된 다른 자격증(CISSP, CISA 등) 대비 정보보안기사 자격증이 가치 있는 이유이다.

이와 같이, 정보보안 표준, 제도, 기술, 절차를 모두 파악함으로써 나무가 아닌 숲을 볼 수 있는 시야를 갖게 되고, 정보보안 리더십을 발휘할 수 있는 자격을 인정받게 되는 것이다.

정보보안형 사고방식은 21세기 미래 인재의 핵심 요건

앞서 미래 인재의 핵심 요건으로 인간을 중심에 두고 자신과 타인의 차별화된 능력을 네트워킹을 통하여 조합할 수 있는 스마트 스킬을 말한 바 있다.

스마트 스킬을 풀어서 설명하면 우선 자신과 타인의 차별화된 능력을 파악하기 위한 관찰력이 있어야 한다. 관찰을 통해 파악된 개별 요소들을 조합하기 위해서는 유사점과 차이점을 분석하여 연결 고리를 도출할 수 있는 분석 능력이 있어야 한다. 마지막으로, 네트워킹을 통해 실행 가능한 솔루션으로 현실화하기 위해서는 논리적인 커뮤니케이션 스킬이 필요하다.

스마트 스킬을 구성하는 3가지 핵심 역량인 관찰, 분석, 논리는 정보보안 전문가가 갖춰야 할 핵심 역량과 일맥 상통한다.

① 관찰: 정보보안 위협 동향 및 자산의 취약점을 지속적으로 파악해야 하며, 수립된 보안 대책에 문제가 없는지, 보안 이벤트 로그에서 평상시와 다른 패턴은 없는지 등을 관심을 가지고 관찰하는 역량이 필요하다.

② 분석: 관찰된 사실에 기반하여 침해 여부를 판단하고, 미흡한 보안 통제가 발견되는 경우 원인을 분석하여 대안을 마련할 수 있어야 한다.

③ 논리: 정보보안 통제 정책을 수립하여 알리거나, 식별된 취약점을 조치하도록 안내하거나, 미흡한 보안 통제를 개선하도록 권고하는 경우 상대방이 쉽게 이해할 수 있도록 논리적으로 설명할 수 있는 역량이 중요하다.

정보보안형 사고방식(관찰, 분석, 논리)을 갖춤으로써, 자연스럽게 미래 인재의 핵심 요건을 충족하게 되어 경쟁 우위를 확보하게 된다.

생활 속에 스며드는 정보보안

4차 산업혁명 시대의 도래와 함께 편리하고, 안전한 생활을 추구하는 인간의 욕구를 충족시키기 위한 획기적인 신기술, 신서비스가 계속 등장하고 있다. 개인의 취미, 기호, 성격, 위치 정보 등을 기반으로 한 맞춤형 서비스를 통해, 가장 저렴한 비용으로 빠른 시간 내에 내가 원하는 상품 및 서비스를 제공받을 수 있는 시대가 도래하고 있다. 바야흐로 정보의 공유와 개방이 극대화되는 시대가 열린 것이다. 이러한 시대적 변화는 사이버 범죄를 사업화하려는 해커들에게도 보다 넓은 시장을 열어주는 것이니 변화의 물살을 어디로 향하게 해야 할지 결정해야 하는 변곡점에 와 있다고도 할 수 있다.

정보의 공유를 최대화하여 편의성을 추구할 것인가? 아니면 정보보안 리스크를 최소화하기 위해 편의성을 희생할 것인가?

이는 마치 "먼 거리를 빠르고 편리하게 이동할 수 있는 자동차를 만들 것인가?" 아니면 "자동차로 인해 발생하는 안전사고 리스크가 걱정되어 마차를 계속 이용할 것인가?" 사이에서 선택을 해야 하는 것과 비슷한 상황이라고 볼 수 있다.

미래 변화의 방향은 거스를 수 없는 대세가 되고 있다. 서비스 유형에 따라 정보 활용은 극대화하되 정보보안 리스크를 최소화할 수 있는 고도의 상황 적응형 보안 체계가 가트너 10대 전략 기술 중 하나로 선정된 이유이다. 편의성과 보안성, 두 마리 토끼를 잡기 위한 레이스가 시작된 것이다.

이런 시대적 변화의 조류에서 사이버 보안 위협은 끊임없는 진화를 통해 개인, 기업, 국가적 차원에서 큰 위험 요소가 되고 있어, 가장 중요하게 관리해야 할 국가적 어젠다Agenda 중 하나가 되었다. 이제 더 이상 특정 기관의 전문화된 사이버 보안 인력만으로는 국가 전체를 타깃으로 하는 지능화된 위협을 방어하는 것이 불가능한 시대가 되었다. 편의성과 보안성의 두 마리 토끼를 모두 잡아야 하는 레이스에서는 과거와 같이 오로지 철통 보안에만 집중하는 돋보기가 아니라 보안과 편의성을 균형된 시각으로 바라보고 조율할 수 있는 스마트 렌즈가 필요하다. 가정, 학교, 기업 등 국가 전체적으로 정보보안 수준이 몇 단계 더 진화되어야 한다.

즉, 요소요소에 스마트 렌즈를 착용한 정보보안 전문 인력이 배치되어 정보보안 통제의 고리에 틈새가 없도록 진단하고, 약점을 지능적으로 보완하는 활동을 강화해야 한다. 정보보안기사는 이런 변화의 조류에서 누구보다 더 스마트 렌즈를 착용하기에 적합한 인재이다. 정보보안기사가 더 많이 배출되어야 하는 이유이다. 자격 요강을 보면, 정보보안기사는 "전문 이론과 실무 능력을 기반으로 IT 기반 시설 및 정보에 대한 체계적인 보안 업무 수행이 가능한 자"라고 정의되어 있다. 여기서 말하는 '체계적인 보안 업무 수행'의 의미는 편의성과 보안성을 균형된 시각으로 바라보고 스마트하게 조율할 수 있다는 의미이다.

따라서 정보보안기사에 도전하고자 한다면 이러한 소명의식과 책임감을 가지고 학습에 임하길 당부한다. 합격률이 낮은 이유는 정보보안기사 자격증이 가져다 주는 가치가 높음을 반증하는 것이다. 합격 이후 대한민국의 요소요소에서 자신 있고 당당하게 정보보안 리더로서 활동하며, IT 전문가로서의 브랜드 파워를 높여 나갈 여러분들의 모습을 상상하며 힘찬 응원의 메시지를 전하는 바이다.

아무쪼록 본 서적을 길라잡이 삼아, 기본기에 충실하고, 일관된 자세로 정보보안기사 시험 준비에 매진하여 성공하는 미래로 향하는 급행 열차의 티켓을 모두 얻기를 바란다.

2장

정보보안기사 한번 도전해 볼까?

1. 정보보안기사 자격 검정 안내

정보보안기사와 정보보안산업기사 2개의 종목으로 구성되어 있으며, 1년에 2회 정기 검정 형태로 치러진다. 두 종목 모두 동일한 일자에 치러지며, 기사는 오전, 산업기사는 오후에 실시된다.

▷ 정보보안기사 자격 검정 개요(출처: kisq.or.kr)

구분	정보보안기사	정보보안산업기사
검정 지역	전국 5개 지역(서울, 부산, 대전, 대구, 광주) 수검장 * 당회 시험 접수 인원이 현저히 적은 경우 시행 지역 축소 조정	
응시 수수료	필기 : 18,800원 실기 : 21,900원	필기 : 18,800원 실기 : 20,200원
직무 내용	정보보호에 대한 지식과 운용 경험을 바탕으로 실무적인 시스템과 서버, 네트워크 장비 및 보안 시스템 운용을 통해, 보안 업무 및 보안 정책 수립과 보안 대책 구현, 정보보호 관련 법규 준수 여부를 판단하는 등의 업무 수행	보안에 관련한 시스템과 응용 서버, 네트워크 장비 및 보안 장비에 대한 전문 지식과 운용 기술을 갖추고 시스템/네트워크/애플리케이션 분야별 기초 보안 업무를 수행
검정 방법 (필기)	객관식 : 100문제 시험 시간 : 2시간 30분 (9:30~12:00)	객관식 : 80문제 시험 시간 : 2시간 (13:30~15:30)
검정 방법 (실기)	필답형 주관식 : 15문제 시험 시간 : 3시간(9:30~12:30)	필답형 주관식 : 15문제 시험 시간 : 2시간 30분 (13:30~16:00)

2. 시험 과목 및 출제 기준

필기 시험 과목 및 출제 기준

정보보안기사의 경우 총 5과목(시스템 보안, 네트워크 보안, 애플리케이션 보안, 정보보안 일반, 정보보안 관리 및 법규)이며, 정보보안산업기사의 경우 정보보안 관리 및 법규를 제외한 총 4과목이다. 문항수는 과목당 20개이며, 합격 기준은 각 과목당 40점 이상, 평균 60점 이상이다.

보안 위협 및 대응 트렌드의 변화를 반영하여 2019년 시행되는 13회 시험부터 출제 기준이 변경되었으며, 최신 위협 및 보안 기술, 정보보호 거버넌스 체계, 클라우드 및 신용 정보보호 관련 법률 등이 추가되었다.

▷ 정보보안기사 필기 시험 출제 기준(2019년 1월 개정, 출처: kisq.or.kr)

필기 과목명	주요 항목	주요 세부 항목 (출제 기준)
1. 시스템 보안	1. 클라이언트 보안	• 클라이언트 보안 관리(OS, 인증·접근 통제, 파일시스템 등)
	2. 서버 보안	• 서버 보안 관리(OS, 인증·접근 통제, 파일시스템 등)
		• 서버 보안 활용(OS 설치 및 활용, 로그 설정 및 분석, 점검 도구, 백업 기술 등)
		• 서버 보안용 SW 설치 및 운영(서버 보안 시스템, 시스템 취약점·무결성 점검 도구, 로깅 및 로그 분석 도구 등)
2. 네트워크 보안	1. 네트워크 일반	• 네트워크 개념 이해(OSI 7계층, 프로토콜(TCP, UDP, IP, ICMP), 네트워크 종류별 동작 원리 및 특징, 주소, 포트 등)
		• 네트워크 활용(장비별 원리 및 특징, 공유, 유무선 네트워크 서비스, 도구(ping, arp, traceroute, netstat, tcpdump)
	2. 네트워크 기반 공격 기술의 이해 및 대응	• 서비스 거부(DoS) 공격 유형 및 대응 방법
		• 분산 서비스 거부(DDoS) 공격 유형 및 대응 방법
		• 포트 및 취약점 스캐닝 동작 원리 및 대응 방법
		• 스푸핑·스니핑·원격 접속 공격 동작 원리 및 대응 방법

필기 과목명	주요 항목	주요 세부 항목 (출제 기준)
2. 네트워크 보안	3. 대응 기술 및 응용	• 보안 프로토콜 이해(SSL, IP-Sec) • 보안 솔루션 이해(FW, IDS, IPS, VPN, ESM, UTM, NAC 등) • 보안 솔루션 활용(Snort, 탐지룰, Pcap 등) • 로그·패킷 분석, 역추적, 악성코드 분석 도구 이해·응용
	4. 최신 네트워크 보안 동향	• 네트워크 보안 신규 위협 이해 • 네트워크 보안 신기술 이해
3. 애플리케이션 보안	1. 인터넷 응용 보안	• FTP, 메일, 웹, DNS, DB 보안(개념, 공격 유형, 보안 기술)
	2. 전자상거래 보안	• 전자상거래 보안 기술(보안 프로토콜, 인증 기술, 무선)
	3. 기타 애플리케이션 보안 기술	• 애플리케이션 보안 취약점 대응 • 기타 애플리케이션 보안 응용(SSO, DRM, 디지털 포렌식, 최신 동향 등)
4. 정보보안 일반	1. 보안 요소 기술	• 인증(사용자, 메시지, 디바이스, 생체 인증 등) • 접근 통제 정책(임의, 강제, 역할 기반), 기법 및 모델 • 키분배 프로토콜(대칭키 및 비대칭키 기반) • 전자서명(인증서, PKI, CRL, OCSP, 전자서명 응용 등)
	2. 암호학	• 암호 알고리즘(암호 공격, 대칭키·비대칭키 암호 시스템 특징 및 활용, 공개키 암호 방식(인수분해, 이산로그 기반), 최신 응용 등) • 해시 함수(요구사항, 특징 및 구조, 메시지 인증 코드 등)
5. 정보보안 관리 및 법규	1. 정보보호 관리	• 정보보호 관리 이해(목적 및 특성, 정보보호와 비즈니스) • 정보보호 거버넌스 체계 수립(전략, 조직, 정책 수립) • 정보보호 위험 평가(위험 분석 및 계획 수립, 정보 자산 식별 및 분석, 위험 분석 및 평가) • 정보보호 대책 구현 및 운영(관리적, 물리적, 기술적) • 정보보호 인증 제도 이해(국제/국가 정보보호 표준, 정보보호 인증 체계)

필기 과목명	주요 항목	주요 세부 항목 (출제 기준)
5. 정보보안 관리 및 법규	2. 정보보호 관련 법규	• 정보보호 및 개인정보보호법 체계(사이버 윤리, 정보시스템 이용자 및 개인정보 취급자의 금지 행위) • 정보보호 관련 법제(정보통신망 이용 촉진 및 정보보호 등에 관한 법률, 정보통신기반보호법, 클라우드컴퓨팅법, 전자정부법 등) • 개인정보보호 관련 법제(개인정보보호법, 정보통신망 이용 촉진 및 정보보호 등에 관한 법률, 위치정보의 보호 및 이용 등에 관한 법률, 신용정보의 이용 및 보호에 관한 법률)

* 정보보안산업기사의 경우 정보보안 관리 및 법규 과목은 제외되며, 정보보안 일반 과목에 정보보호 및 개인정보의 이해 항목이 추가된다.

실기 시험 과목 및 출제 기준

두 종목 공통으로 정보보안 실무 단일 과목으로 이루어져 있다. 정보보안기사의 경우 주요 항목이 총 6개(시스템 및 네트워크 보안 특성 파악, 취약점 점검 및 보안, 관제 및 대응, 정보보호 계획 수립, 위험 분석, 정보보호대책 구현)이며, 정보보안산업기사는 총 3개의 주요 항목(시스템 및 네트워크 보안 특성 파악, 취약점 점검 및 보안, 관제 및 대응)만 포함된다.

실기 시험의 경우 두 종목 공통으로 총 15문제(단답형 10문항(30점), 서술형 3문항(42점), 실무형 3문항 중 택 2(28점))가 출제되며, 합격 기준은 60점 이상이다.

▷ 정보보안기사 실기 시험 출제 기준(2019년 1월 개정, 출처: kisq.or.kr)

실기 과목명	주요 항목	주요 세부 항목(출제 기준)
1. 정보보안 실무	1. 시스템 및 네트워크 보안 특성 파악	• 운영체제별 보안 특성 파악하기 • 프로토콜별 보안 특성 파악하기 • 서비스별 보안 특성 파악하기(FTP, 메일, 웹, DNS, DB, 전자서명 및 PKI 등) • 보안 장비 및 네트워크 장비별 보안 특성 파악하기
	2. 취약점 점검 및 보완	• 운영체제 및 버전별 취약점 점검, 보완하기 • 서비스 버전별 취약점 점검, 보완하기 • 보안 장비 및 네트워크 장비 취약점 점검, 보완하기 • 취약점 점검 및 보완 사항 이력 관리하기
	3. 관제 및 대응하기	• 관제하기(로그 정보 파악 및 모니터링, 최신 공격 이해) • 대응하기(보안 로그 통합 분석, 백업 및 복구 등)
	4. 정보보호 계획 수립	• IT 현황 및 자산 파악하기 • 조직의 요구사항 파악하기 • 관련 법령 검토하기
	5. 위험 분석	• 조직의 내·외부 위협 요인 분석하기 • 조직의 H/W, S/W 등 정보 자산 취약점 분석하기 • 조직의 정보 자산 위협 및 취약점 분석 정리하기 • 위험 평가하기 • 정보보호 대책 선정 및 이행 계획 수립하기
	6. 정보보호 대책 구현	• 정보보호 정책 수립 및 운영하기 • 관리적/물리적/기술적 정보보호 대책 구현 및 운영하기

3. 응시 자격

정보보안기사는 "국가기술자격법 시행령 제 12조의 2(국가기술자격의 등급과 응시자격)", 정보보안산업기사는 "국가기술자격법 시행령 별표 1의 2"에서 정한 기사, 산업기사 등급의 응시 자격에 해당하는 자가 응시 가능하다.

▷ 정보보안(산업)기사 응시 자격(출처: kisq.or.kr)

종목명	응시 자격
정보보안 기사	다음 각 호의 어느 하나에 해당되는 사람 1. 산업기사 등급 이상의 자격을 취득한 후 응시하려는 종목이 속하는 동일 및 유사 직무 분야에서 1년 이상 실무에 종사한 사람 2. 기능사 자격을 취득한 후 응시하려는 종목이 속하는 동일 및 유사 직무 분야에서 3년 이상 실무에 종사한 사람 3. 응시하려는 종목이 속하는 동일 및 유사 직무 분야의 다른 종목의 기사 등급 이상의 자격을 취득한 사람 4. 관련학과의 대학졸업자 등 또는 그 졸업예정자 5. 3년제 전문대학 관련학과 졸업자 등으로서 졸업 후 응시하려는 종목이 속하는 동일 및 유사 직무 분야에서 1년 이상 실무에 종사한 사람 6. 2년제 전문대학 관련학과 졸업자 등으로서 졸업 후 응시하려는 종목이 속하는 동일 및 유사 직무 분야에서 2년 이상 실무에 종사한 사람 7. 동일 및 유사 직무 분야의 기사 수준 기술훈련과정 이수자 또는 그 이수예정자 8. 동일 및 유사 직무 분야의 산업기사 수준 기술훈련과정 이수자로서 이수 후 응시하려는 종목이 속하는 동일 및 유사 직무 분야에서 2년 이상 실무에 종사한 사람 9. 응시하려는 종목이 속하는 동일 및 유사 직무 분야에서 4년 이상 실무에 종사한 사람 10. 외국에서 동일한 종목에 해당하는 자격을 취득한 사람

종목명	응시 자격
정보보안 산업기사	다음 각 호의 어느 하나에 해당되는 사람 1. 기능사 등급 이상의 자격을 취득한 후 응시하려는 종목이 속하는 동일 및 유사 직무 분야에 1년 이상 실무에 종사한 사람 2. 응시하려는 종목이 속하는 동일 및 유사 직무 분야의 다른 종목의 산업기사 등급 이상의 자격을 취득한 사람 3. 관련학과의 2년제 또는 3년제 전문대학졸업자 등 또는 그 졸업예정자 4. 관련학과의 대학졸업자 등 또는 그 졸업예정자 5. 동일 및 유사 직무 분야의 산업기사 수준 기술훈련과정 이수자 또는 그 이수예정자 6. 응시하려는 종목이 속하는 동일 및 유사 직무 분야에서 2년 이상 실무에 종사한 사람 7. 고용노동부령으로 정하는 기능경기대회 입상자 8. 외국에서 동일한 종목에 해당하는 자격을 취득한 사람

4. 합격률 및 준비 기간

합격률

정보보안 국가기술자격제도는 2013년에 처음 시행되었고, 2019년 12월 기준으로 14회에 걸쳐 최종 합격자가 배출되었다. 최종 실기 합격 기준으로 정보보안기사는 12퍼센트, 정보보안산업기사는 27퍼센트의 합격률을 보이고 있어, 다른 기사 및 산업기사 종목에 비하여 합격률이 상대적으로 매우 낮은 편이다.

▷ 정보보안 (산업)기사 합격률(2019년 12월 기준, 단위: 명, 출처: kisq.or.kr)

구분				응시자수	합격자수	합격률
2013년도	제1회	기사	필기	6,491	2,241	35%
			실기	1,802	53	3%
		산업기사	필기	973	272	28%
			실기	221	103	47%
	제2회	기사	필기	3,806	859	23%
			실기	1,385	157	11%
		산업기사	필기	833	180	22%
			실기	215	46	21%
2014년도	제3회	기사	필기	3,455	614	18%
			실기	1,275	86	7%
		산업기사	필기	926	209	23%
			실기	231	49	21%
	제4회	기사	필기	3,105	518	17%
			실기	1,283	229	18%
		산업기사	필기	928	312	34%
			실기	325	38	12%

구분				응시자수	합격자수	합격률
2015년도	제5회	기사	필기	3,159	1,659	53%
			실기	2,161	283	13%
		산업기사	필기	860	258	30%
			실기	340	112	33%
	제6회	기사	필기	3,970	892	22%
			실기	1,692	205	12%
		산업기사	필기	961	298	31%
			실기	330	140	42%
2016년도	제7회	기사	필기	4,555	1,047	23%
			실기	1,923	163	8%
		산업기사	필기	1,047	721	69%
			실기	588	34	6%
	제8회	기사	필기	4,547	1,463	32%
			실기	2,221	143	6%
		산업기사	필기	1,039	591	57%
			실기	704	213	30%
2017년도	제9회	기사	필기	4,606	2,143	47%
			실기	2,808	248	9%
		산업기사	필기	1,070	593	55%
			실기	712	301	42%
	제10회	기사	필기	4,223	1,062	25%
			실기	2,314	383	17%
		산업기사	필기	1,011	696	69%
			실기	744	199	27%

구분				응시자수	합격자수	합격률
2018년도	제11회	기사	필기	4,226	1,165	28%
			실기	2,378	540	23%
		산업기사	필기	911	416	46%
			실기	627	164	26%
	제12회	기사	필기	4,217	1,483	35%
			실기	2,272	265	12%
		산업기사	필기	837	506	60%
			실기	598	124	21%
2019년도	제13회	기사	필기	4,371	1,500	34%
			실기	2,204	201	9%
		산업기사	필기	923	355	38%
			실기	516	90	17%
	제14회	기사	필기	4,122	1,311	32%
			실기	2,132	260	12%
		산업기사	필기	815	301	37%
			실기	466	164	35%

준비 기간

정보보안기사 합격을 위해서는 최소 6개월 정도의 준비 기간이 필요하다. 개인마다 편차가 있으며 정보보안 업무 경험이 있거나 CISSP 같은 유사 자격증 학습 경험이 있는 경우는 좀 더 용이하게 준비할 수 있으나, 결코 만만하게 볼 수 있는 시험이 아니다.

필기 시험의 경우 집중적인 문제 풀이 및 암기를 통해 1년 이내 합격 가능성은 50퍼센트 이상이라고 볼 수 있다. 그러나 실기 시험은 불합격하는 경우 필기 시험 합격일 기준으로 2년간 필기 시험이 면제되는데, 이 기간 동안에도 실기 시험에 합격하지 못하는 사례가 상당히 많다.

즉, 실기 시험까지 최종 합격을 위해서는 단순 암기식으로 공부해서는 안되며, 원리의 이해에 기반한 실무 관점의 체계적인 학습이 필요하다.

정보보안기사 합격 비법은 1) 명확한 목표 의식, 2) 나는 반드시 합격한다는 자신감, 3) 열정적인 노력, 4) 치밀한 자기 관리에 있다.

이어지는 3장과 4장에는 정보보안기사 합격을 위한 상세한 학습 방법이 담겨 있으니, 집중해서 읽고 실천하여 여러분 모두 합격의 기쁨을 누리길 바란다.

3장

일주일 만에 완성하는 정보보안기사 합격 기본기

1. 학습의 시작은 출제 경향 파악에서부터

필기 시험 출제 경향

시스템 보안

시스템 보안 과목은 클라이언트 보안과 서버 보안으로 구성되어 있다.

클라이언트는 기업내의 사용자와 고객이 사용하는 단말을 의미하며, MS 윈도우를 주요 OS로 사용하고 있다. 스마트폰 보급의 확산에 따라 안드로이드 및 IOS가 탑재된 모바일 단말 보안의 중요성도 증가하고 있다. 스마트폰이 움직이는 PC의 역할을 함에 따라 PC에 해당하는 보안 위협이 모바일에도 그대로 적용되기 때문이다.

클라이언트 보안의 경우 세부 출제 항목은 다음과 같다(출처: kisq.or.kr).

주요 항목	세부 출제 항목
1. 클라이언트 보안 관리	• 운영체제 이해 및 관리 • *인증·접근 통제의 이해 및 관리 • *파일시스템 이해 및 관리 • 공격 기술의 이해 및 대응 관리 • *최신 유·무선 단말기의 보안(공격 기술 및 대응 기술, 보안 이슈 등) 이해 및 관리

* 출제 비중이 높다.

특히 다음 항목은 클라이언트 보안의 핵심으로 중요도가 높다.

- 윈도우 파일 시스템(NTFS), 부팅 절차, 레지스트리, 로그온 인증 체계(LSA, NTLM, SAM, SRM), AD_{Active Directory} 시스템
- 2019년부터 적용되는 개정된 출제 기준에 최신 유무선 단말기의 보안 이해 및 관리가 추가됨에 따라 무선 단말기의 공격 및 대응 기술에 대한 학습이 필요하다.

▶ 클라이언트 보안 문제 예시

문제) 윈도우의 레지스트리 종류에 대한 설명 중 잘못된 것은?

(1) HKEY_CURRENT_USER : 현재 시스템에 로그인하고 있는 사용자와 관련된 시스템 정보를 저장하고 있다.

(2) HKEY_CURRENT_CONFIG : HKEY_LOCAL_MACHINE의 서브로 존재하는 설정 정보를 담고 있으며 실행 시간에 수집한 정보가 저장된다.

(3) HKEY_CLASSES_ROOT : 파일과 프로그램 간 연결 정보와 OLE 객체 정보가 저장된다.

(4) HKEY_LOCAL_MACHINE : 시스템에 존재하는 모든 계정과 그룹에 대한 정보를 저장하고 있다.

정답) 4번

시스템에 존재하는 모든 계정과 그룹에 대한 정보를 저장하고 있는 레지스트리는 HKEY_USER이다. HKEY_LOCAL_MACHINE에는 시스템에 설치된 하드웨어와 소프트웨어 정보가 저장되어 있다.

서버는 클라이언트에게 제공하는 서비스를 탑재하고 있는 시스템을 의미하며, MS 윈도우, 유닉스, 리눅스를 주요 OS로 사용하고 있다.

서버 보안의 경우 세부 출제 항목은 다음과 같다(출처 : kisq.or.kr).

주요 항목	세부 출제 항목
2. 서버 보안 관리	• 운영체제 이해 및 관리(레지스터, 웹 브라우저, 보안 도구 등) • 인증·접근 통제의 이해 및 관리 • 파일시스템 이해 및 관리 • *공격 기술의 이해 및 대응 관리 • 최신 유·무선 서버의 보안(공격 기술 및 대응 기술, 보안 이슈 등) 이해 및 관리
3. 서버 보안 활용	• 운영체제 설치 및 활용 • 시스템 최적화 활용 • 시스템 로그 설정 및 활용 • 공격 대응 기술의 활용 • *점검 도구 활용(취약점, 무결성 등) • *로깅 및 로그 분석 기술 활용 • 백업 기술 활용

주요 항목	세부 출제 항목
4. 서버 보안용 S/W 설치 및 운영	• 서버 접근 통제 • *시스템 취약점 점검 도구 활용 • 서버 보안 시스템의 설치 및 운영 • *무결성 점검 도구 설치 및 운영 • 로깅 및 로그 분석 도구의 설치 및 운영

* 출제 비중이 높다.

특히, 다음의 항목들은 서버 보안의 핵심으로 중요도가 높다.

- 윈도우 파일시스템(NTFS), 유닉스 파일시스템(부트블록, 슈퍼블록, inode, 데이터블록)
- 프로세스(race condition), 메모리(stack, heap, 오버플로우 공격)
- 유닉스 주요 명령어(ls, chmod, df, cron), 권한 관리(umask, setUID, setGID, sticky bit)
- 로그 관리(로그레벨, utmp, wtmp, btmp), 계정 및 패스워드(/etc/passwd, /etc/shadow)
- 취약점 점검 도구(nmap), 침입탐지도구(snort), 방화벽(iptables, tcp-wrapper)

▶ 서버 보안 문제 예시

문제) 유닉스 계열 시스템에서 사용자 로그인과 로그아웃 정보를 누적하여 저장하는 파일은?

(1) wtmp (2) utmp (3) lastlog (4) xferlog

정답) 1번

wtmp는 last 명령어로 정보 확인이 가능하다. utmp는 현재 시스템에 로그인한 사용자의 상태를 출력하는 로그로 who, w, users, finger 등의 명령어로 확인한다. lastlog는 각 사용자별 최근 로그인 시각 및 접근한 소스 호스트에 대한 정보를 가지고 있으며, lastlog 명령어로 확인한다. xferlog는 ftp를 이용하여 파일을 전송한 내역을 담고 있는 로그이다.

네트워크 보안

네트워크 보안 과목은 1) 네트워크 일반, 2) 네트워크 기반 공격 기술의 이해 및 대응, 3) 대응 기술 및 응용, 4) 최신 네트워크 보안동향으로 구성되어 있다. 네트워크는 시스템으로의 접근 경로를 제공하며, 시스템과 시스템간 정보가 흐르는 통로이므로 보안 위협의 가장 앞에 노출된 자산이다.

네트워크 보안의 경우 세부 출제 항목은 다음과 같다(출처: kisq.or.kr).

주요 항목	세부 출제 항목
1. 네트워크 일반	• 네트워크 개념 이해(OSI 7계층, 프로토콜(TCP, UDP, IP, ICMP), 네트워크 종류별 동작 원리 및 특징, 주소, 포트 등) • 네트워크 활용(장비별 원리 및 특징, 공유, 유무선 네트워크 서비스, 도구(ping, arp, traceroute, netstat, tcpdump))
2. 네트워크 기반 공격 기술의 이해 및 대응	• *서비스 거부(DoS) 공격 유형 및 대응 방법 • *분산 서비스 거부(DDoS) 공격 유형 및 대응 방법 • *포트 및 취약점 스캐닝 동작 원리 및 대응 방법 • *스푸핑·스니핑·원격 접속 공격 동작 원리 및 대응 방법
3. 대응 기술 및 응용	• 보안 프로토콜 이해(SSL, IP-Sec) • *보안 솔루션 이해(FW, IDS, IPS, VPN, ESM, UTM, NAC 등) • *보안 솔루션 활용(Snort, 탐지룰, Pcap 등) • 로그·패킷 분석, 역추적, 악성코드 분석 도구 이해·응용
4. 최신 네트워크 보안 동향	• *네트워크 보안 신규 위협 이해 • 네트워크 보안 신기술

* 출제 비중이 높다.

특히 다음의 항목은 네트워크 보안의 핵심으로 중요도가 높다.

- 서비스 거부(DoS) 및 분산 서비스 거부(DDoS) 공격
- 포트 스캔, 스니핑 동작 원리 및 대응 방법
- IDS/IPS 특징 및 동작 원리, Snort 탐지 룰
- 네트워크 보안 최신 동향(ESM, UTM, APT, 랜섬웨어, 서플라이체인 공격, Stuxnet)

▶ 네트워크 보안 문제 예시

> 문제) 저장된 파일을 암호화하여 해당 자료들을 열지 못하도록 하는 공격은?
>
> (1) DDoS (2) APT (3) Stuxnet (4) Ransomware
>
> 정답) 4번
>
> PC에 저장된 파일을 볼모로 잡고 돈을 요구한다고 해서 Ransom(인질)ware라고 명명되었다. 2017년 5월 MS 윈도우의 취약점을 악용하여 영국, 러시아, 중국 등 전 세계 여러 나라에 대규모 피해를 발생시켰던 워너크라이가 대표적인 랜섬웨어이다.

애플리케이션 보안

애플리케이션 보안 과목은 1) 인터넷 응용 보안, 2) 전자상거래 보안, 3) 기타 애플리케이션 보안 기술로 구성되어 있다. 애플리케이션은 정보 자산의 등록, 삭제, 변경, 처리가 수행되는 인터페이스 역할을 수행하는 중요한 자산이다.

애플리케이션 보안의 세부 출제 항목은 다음과 같다(출처: kisq.or.kr).

주요 항목	세부 출제 항목
1. 인터넷 응용 보안	• *FTP, 메일, 웹, DNS, DB 보안(개념, 공격 유형, 보안 기술)
2. 전자상거래 보안	• 전자상거래 보안 기술(*보안 프로토콜, 인증 기술, 무선)
3. 기타 애플리케이션 보안 기술	• 애플리케이션 보안 취약점 대응 • 애플리케이션 보안 응용(SSO, DRM, 디지털 포렌식, 최신 동향 등)

* 출제 비중이 높다.

특히 다음의 항목은 애플리케이션 보안의 핵심으로 중요도가 높다.

- 웹 보안(IP Sec, SSL, HTTP method/상태코드, 웹로그, OWASP Top 10(XSS, Injection))
- 이메일 보안(SMTP, IMAP, PGP, S/MIME, 스팸 필터링, 메일 헤더)
- DB 보안(보안 유형(접근, 추론, 흐름 제어), 요구사항)
- 전자상거래 보안(이중서명, SET)

▶ 애플리케이션 보안 문제 예시

> **문제)** 다음 중 DB 보안 유형이 아닌 것은?
>
> (1) 접근 제어 (2) 흐름 제어 (3) 추론 제어 (4) 집합(Aggregation)
>
> **정답)** 4번
>
> 집합은 개별 소스로부터 민감하지 않은 정보를 수집하여 민감한 정보를 생성하는 것으로 데이터베이스 보안 위협 중 하나이다.

정보보안 일반(요소 기술)

정보보안 일반 과목은 1) 보안요소 기술, 2) 암호학으로 구성되어 있다. 시스템 보안, 네트워크 보안, 애플리케이션 보안에 사용되는 핵심 요소 기술을 다루고 있다.

정보보안 일반의 세부 출제 항목은 다음과 같다(출처: kisq.or.kr).

주요 항목	세부 출제 항목
1. 보안 요소 기술	• 인증(*사용자, 메시지, 디바이스, 생체 인증 등)
	• *접근 통제 정책(임의, 강제, 역할 기반), 기법 및 모델
	• *키분배 프로토콜(대칭키 및 비대칭키 기반)
	• *전자서명(인증서, PKI, CRL, OCSP, 전자서명 응용 등)
2. 암호학	• 암호 알고리즘(*암호 공격, 대칭키·비대칭키 암호 시스템 특징 및 활용, 공개키 암호 방식(인수분해, 이산로그 기반), 최신 응용 등)
	• 해시 함수(요구사항, 특징 및 구조, 메시지 인증 코드 등)

* 출제 비중이 높다.

특히 다음의 항목은 정보보안 일반의 핵심으로 중요도가 높다.

- 사용자 인증(2FA, 패스워드 보호, OTP, 생체 인증, SSO, EAM, IAM)
- 전자서명(요건, 기법)과 PKI(CA, RA, CRL, OCSP, 인증서(X.509))
- 암호 알고리즘(DES, AES, SEED), 블록암호(공격, 운영모드), 키분배(RSA, 디피헬만)
- 접근 통제 보안 모델(DAC, MAC, RBAC)

▶ 정보보안 일반 문제 예시

문제) 다음 중 X.509 인증서의 기본 영역에 포함된 내용으로 잘못된 것은?

(1) 일련번호 (2) 유효기간 (3) 사용자 고유식별번호 (4) 인증서 발행자

정답) 3번

- X.509 인증서의 기본 영역에는 버전, 일련번호, 인증서 소유자(Subject), 발급자(Issuer), 유효기간, 공개키 정보, 서명 알고리즘 등이 포함되어 있다.
- X.509 V3에서는 기본 영역 외에도 확장 영역이 추가되었는데, 여기에는 키 사용 목적, 인증서 정책 등이 포함되어 있다.
- 참고로, 상용 암호화 프로그램에서는 X.509 V3의 확장 영역에 사용자 고유식별정보를 해시 암호화한 가상식별번호(VID)를 저장하여, 인증서 본인 확인을 위한 용도로 사용하기도 한다.

정보보안 관리 및 법규

정보보안 관리 및 법규 과목은 1) 정보보호 관리, 2) 정보보호 관련 윤리 및 법규로 구성되어 있다.

정보보호 관리의 경우 다른 과목들에서 언급된 기술적, 물리적 보안 위협 및 보안 기법에 대한 이해를 기반으로 조직의 비즈니스 목적 달성을 위한 효과적인 정보호보 거버넌스 체계(전략, 정책, 조직, 절차 등)를 수립하고 운영하기 위한 관리적인 요소들에 대한 내용을 포함하고 있다.

정보보호 관련 윤리 및 법규의 경우 정보보호 및 개인정보보호를 위한 윤리적, 법적 기준을 마련하여 개인 및 조직이 신의성실 원칙에 입각하여 지속적이고 책임감 있게 정보보호 활동을 하도록 강제성을 부여하는 장치라고 할 수 있다.

정보보안 관리 및 법규의 세부 출제 항목은 다음과 같다(출처: kisq.or.kr).

주요 항목	세부 출제 항목
1. 정보보호 관리	• 정보보호 관리 이해(목적 및 특성, 정보보호와 비즈니스) • 정보보호 거버넌스 체계 수립(전략, 조직, 정책 수립) • *정보보호 위험 평가(위험 분석 및 계획 수립, 정보 자산 식별 및 분석, 위험 분석 및 평가) • 정보보호 대책 구현 및 운영(관리적, 물리적, 기술적) • * 정보보호 인증 제도 이해(국제/국가 정보보호 표준, 정보보호 인증 체계)
2. 정보보호 관련 윤리 및 법규	• 정보보호 및 개인정보보호법 체계(사이버 윤리, 정보시스템 이용자 및 개인정보 취급자의 금지 행위) • 정보보호 관련 법제(*정보통신망 이용 촉진 및 정보보호 등에 관한 법률(정보통신망법), 정보통신기반보호법, 클라우드컴퓨팅법, 전자정부법 등) • 개인정보보호 관련 법제(*개인정보보호법, 정보통신망 이용 촉진 및 정보보호 등에 관한 법률, 위치정보의 보호 및 이용 등에 관한 법률, 신용정보의 이용 및 보호에 관한 법률)

* 출제 비중이 높다.

특히 다음의 항목은 정보보안 관리 및 법규에서 중요도가 높다.

- 위험 분석 방법론(정량적, 정성적), 위험 처리 방안(회피, 전가, 감소, 수용), 정보보호 인증 제도(ISMS)
- 정보보호 인증 제도의 경우 기존의 ISMS 인증과 PIMS 인증이 통합된 ISMS-P 인증이 2018년 11월부로 적용됨에 따라 ISMS-P 인증에 대한 학습이 필요하다.
- 정보통신망 이용 촉진 및 정보보호 등에 관한 법률(목적, 개인정보 수집/이용/제공, 사고 대응), 정보통신기반보호법(기반 시설 지정, 보호 계획), 개인정보보호법(생명주기, 안정성 확보 조치)
- 2019년부터 적용되는 개정된 출제 기준에 클라우드컴퓨팅법, 전자정부법, 위치 정보의 보호 및 이용 등에 관한 법률, 신용정보의 이용 및 보호에 관한 법률이 추가됨에 따라 해당 법률에 대한 중점적인 학습이 필요하다.

▶ 정보보호 관리 문제 예시

> **문제)** 다음 지문이 설명하는 위험 분석 방법론은?
>
> > 시스템에 대한 전문적인 지식을 가지고 있는 전문가 집단을 통하여 위험을 분석 및 평가하는 정성적 위험 분석 방법. 전문가들의 토론에 기반하여 짧은 기간에 위험 분석을 할 수 있다는 장점이 있는 반면, 결과에 대한 정확도가 낮은 단점이 있다.
>
> (1) 수학공식 접근법 (2) 시나리오법 (3) 델파이법 (4) 순위결정법
>
> **정답)** 3번
>
> - 정성적 분석 방법은 델파이법, 시나리오법, 순위결정법 등이 있고, 정량적 분석법은 과거자료 분석법, 수학공식 접근법, 확률분포법 등이 있다.
> - 수학공식 접근법 : 위험의 발생 빈도 계산 공식을 이용하여 위험을 계량화하는 방법
> - 시나리오법 : 어떤 사건도 기대대로 발생하지 않는다는 사실에 근거하여 일정 조건하에서 해당 위협이 발생 가능한 결과를 추정하는 방법
> - 순위결정법 : 위협을 상호 비교하여 최종 위협 요인의 우선순위를 도출하는 방법

▶ 정보보호 관련 윤리 및 법규 문제 예시

문제) 다음 중 개인정보보호법에서 정의하는 개인정보 제3자 제공이 가능한 경우가 아닌 것은?

(1) 정보주체의 동의를 받은 경우

(2) 정보주체와의 계약의 체결 및 이행을 위하여 불가피하게 필요한 경우

(3) 법률에 특별한 규정이 있거나 법령상 의무를 준수하기 위하여 불가피한 경우

(4) 공공기관이 법령 등에서 정하는 소관 업무의 수행을 위하여 불가피한 경우

정답) 2번

정보주체와의 계약의 체결 및 이행을 위하여 불가피하게 필요한 경우 개인정보의 수집 및 이용은 가능하나 제3자 제공은 정보주체의 동의 없이는 불가하다.

제17조(개인정보의 제공)

(1) 개인정보처리자는 다음 각 호의 어느 하나에 해당되는 경우에는 정보주체의 개인정보를 제3자에게 제공(공유를 포함한다. 이하 같다)할 수 있다.

   1. 정보주체의 동의를 받은 경우

   2. 제15조제1항제2호·제3호·제5호 및 제39조의3제2항제2호·제3호에 따라 개인정보를 수집한 목적 범위에서 개인정보를 제공하는 경우

제15조(개인정보의 수집, 이용)

(1) 개인정보처리자는 다음 각 호의 어느 하나에 해당하는 경우에는 개인정보를 수집할 수 있으며 그 수집 목적의 범위에서 이용할 수 있다.

   1. 정보주체의 동의를 받은 경우

   2. 법률에 특별한 규정이 있거나 법령상 의무를 준수하기 위하여 불가피한 경우

   3. 공공기관이 법령 등에서 정하는 소관 업무의 수행을 위하여 불가피한 경우

   4. 정보주체와의 계약의 체결 및 이행을 위하여 불가피하게 필요한 경우

   5. 정보주체 또는 그 법정대리인이 의사표시를 할 수 없는 상태에 있거나 주소불명 등으로 사전 동의를 받을 수 없는 경우로서 명백히 정보주체 또는 제3자의 급박한 생명, 신체, 재산의 이익을 위하여 필요하다고 인정되는 경우

   6. 개인정보처리자의 정당한 이익을 달성하기 위하여 필요한 경우로서 명백하게 정보주체의 권리보다 우선하는 경우. 이 경우 개인정보처리자의 정당한 이익과 상당한 관련이 있고 합리적인 범위를 초과하지 아니하는 경우에 한한다.

실기 시험 출제 경향

실기 시험의 경우 정보보안 실무 단일 과목이며, 6가지 세부 항목으로 구성되어 있다.

① 시스템 및 네트워크 보안 특성 파악
② 취약점 점검 및 보안
③ 관제 및 대응
④ 정보보호 계획 수립
⑤ 위험 분석
⑥ 정보보호 대책 구현(2019년부터 항목이 분리됨)

6번째 정보보호 대책 구현 항목의 경우 기존에는 다른 항목에 포함되어 있었으나, 2019년부터 시행되는 13회 시험부터 별도의 항목으로 분리되었다. 정보보안산업기사는 총 3개의 주요 항목(시스템 및 네트워크 보안 특성 파악, 취약점 점검 및 보안, 관제 및 대응)만 포함된다.

최근 5회차의 세부 항목별 출제 비중을 분석해 보면 다음과 같다.

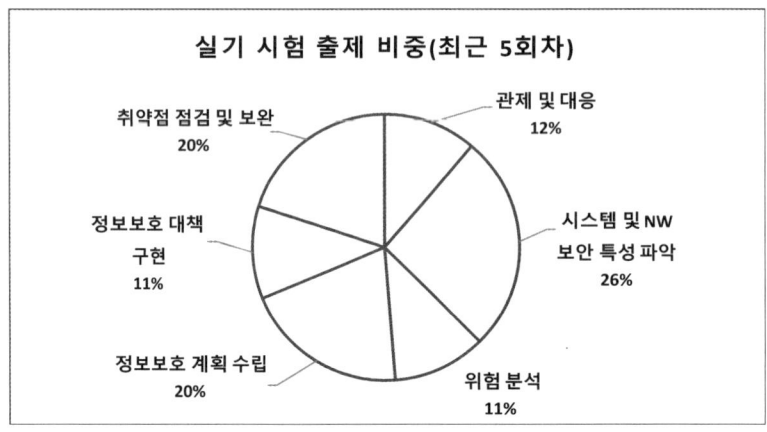

시스템 및 NW 보안 특성 파악 영역이 26%로 가장 비중이 높고, 정보보호 계획 수립과 취약점 점검 및 보완이 각각 20%, 나머지는 거의 비슷한 비율로 출제되었다.

최근 5회차 출제 비중을 필기 시험 과목 기준으로 분석해 보면 다음과 같다.

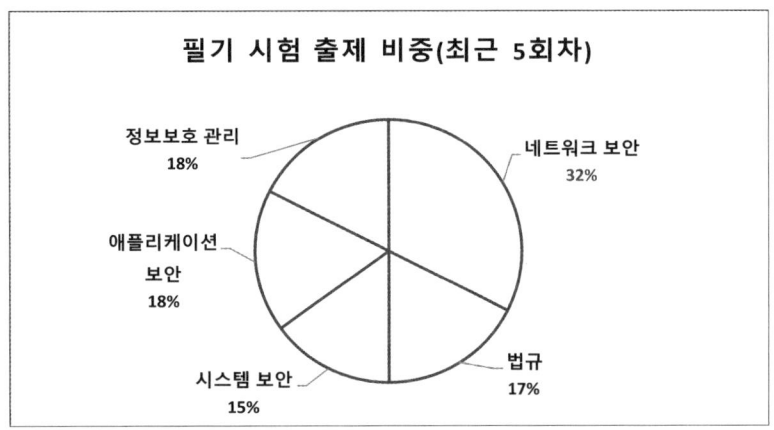

네트워크 보안의 비중이 32%로 가장 높고, 나머지 영역은 거의 비슷한 비율로 출제되었다. 각 세부 항목별 출제 경향을 좀 더 자세히 살펴보면 다음과 같다.

시스템 및 네트워크 보안 특성 파악

시스템 및 네트워크 보안 특성 파악은 운영체제, 프로토콜, 서비스, 보안 장비 및 네트워크 장비의 보안 특성 파악하기로 구분되며, 세부 출제 항목은 다음과 같다(출처: kisq.or.kr).

주요 항목	세부 출제 항목
1. 운영체제별 보안 특성 파악하기	• 조직의 보안 목표 문서와 IT 환경 설계도를 파악할 수 있다. • IT 환경을 구성하고 있는 개인용 PC 또는 서버에 설치된 운영체제 및 버전 정보를 파악할 수 있다. • *운영체제 및 버전별로 제공되는 보안 서비스, 보안 정책 설정, 보안 취약점들을 파악할 수 있다. • 내부 사용자와 네트워크 사용자에게 공유되는 객체들의 정보를 수집하고 보안 목표에 따라 보안 정책이 적절히 설정되었는지 점검할 수 있다. • *운영체제별로 동작하는 악성코드의 종류 및 특징을 파악할 수 있다. • 운영체제에서 생성되는 로그 파일 관리가 되고 있는지 점검할 수 있다. • 보안 운영체제(SecureOS)가 제공하는 보안 서비스를 이해하고, 접근 통제 정책 등을 적용할 수 있다.
2. 프로토콜별 보안 특성 파악하기	• *OSI 7 계층과 TCP/IP 프로토콜의 구성 그리고 각 계층별 기능, 동작 구조를 이해할 수 있다. • TCP/IP 각 계층에서 처리하는 PDU(Protocol Data Unit) 구조 및 PDU 헤더별 필드 기능을 이해할 수 있다. • *IP, ARP, RARP, ICMP 그리고 각 Routing 프로토콜 동작 절차 및 취약점을 이해할 수 있다. • *TCP, UDP, SSL, IPSec 프로토콜의 동작 절차와 취약점을 이해할 수 있다. • *서비스 거부 공격 및 DDoS, DRDoS 공격 절차를 이해할 수 있다. • 무선 프로토콜 동작 구조 및 보안 취약점을 이해할 수 있다.
3. 서비스별 보안 특성 파악하기	• 조직의 보안 목표 문서와 IT 환경 설계도, 네트워크 구성도를 파악할 수 있다. • *FTP 서비스 동작 절차와 환경 설정, 보안 취약점을 이해할 수 있다. • 메일 서비스 동작 절차와 환경 설정, 보안 취약점을 이해할 수 있다. • 웹 서비스 동작 절차와 환경 설정, 보안 취약점을 이해할 수 있다. • *DNS 서비스 동작 절차와 환경 설정, 보안 취약점을 이해할 수 있다. • *DB 서비스와 환경 설정, 보안 취약점을 이해할 수 있다. • 전자서명, 공개키 기반 구조 구성과 보안 특성을 이해할 수 있다.

주요 항목	세부 출제 항목
4. 보안 장비 및 NW 장비 보안 특성 파악하기	• 조직의 보안 목표 문서와 IT 환경 설계도, 네트워크 구성도를 파악할 수 있다. • NIC, Hub, Switch, Bridge 장비의 역할과 동작을 이해할 수 있다. • *VLAN 보안 서비스 및 설정 방법을 이해할 수 있다. • Router 설정 절차 및 트래픽 통제 기능을 이해할 수 있다. • Firewall, IDS, IPS 보안 장비의 보안 서비스 및 설정 방법을 이해할 수 있다. • NAT 종류 및 동작 절차를 이해할 수 있다. • *VPN 구현 방법 및 동작 절차를 이해할 수 있다. • 조직의 보안 대상 관리 시스템과 네트워크 장비를 파악할 수 있다. • 네트워크 구성도를 분석하여 사용 중인 IP 주소, 서브넷 등의 네트워크 정보를 파악할 수 있다. • *SNMP를 이용한 원격 관리 기능과 스캐닝 도구를 이용한 관리 대상 시스템의 제공 서비스를 파악할 수 있다.

* 출제 비중이 높다.

시스템 및 NW 보안 특성 파악 항목에 대한 문제 유형별 출제 빈도는 다음과 같다.

세부 출제 항목	단답형	서술형	실무형	총합계
시스템 및 NW 보안 특성 파악	**17**	**2**	**2**	**21**
ARP 스푸핑	1			1
DB 보안 통제(위협, 보안 통제 유형)	2			2
DNS 설정	2			2
FTP	1		1	2
IDS(탐지 정책, IPS와의 차이점)	1	1		2
IPSec	2	1		3
Log 설정(logrotate)	1			1
SSL	1			1
SNMP	1			1
TCP			1	1
VLAN	1			1
디스크 암호화(Bitlocker)(최신)	1			1
비밀번호 정책 설정(login.defs)	1			1
웹방화벽(Modsecurity)	1			1
클라우드(Service model)	1			1

▶ 시스템 및 NW 보안 특성 파악 문제 예시

단답형 1) IPSec은 통신 중 (A) 계층의 보안을 위한 표준으로, 인터넷상에서 VPN을 구현하는 데 사용할 수 있도록 IETF에서 개발된 프로토콜이다. (B)는 메시지의 무결성, 인증 기능을 제공하고, IP 헤더에 프로토콜 ID 51을 설정하여 전송한다. 메시지 무결성, 인증 및 데이터 암호화를 제공하며, IP 헤더에 프로토콜 ID 50을 설정하여 전송하는 것은 (C)이다.

정답) A: IPSec, B: AH, C: ESP

*IPSec은 실기 시험 단골 출제 문제이므로 철저한 학습이 필요하다.

단답형 2) DB 보안 위협 유형에 대한 질문에 답하시오.

- 저수준의 정보 조각을 조합하여 높은 등급의 정보를 알아내는 행위는 (A)이다.
- 접근 가능한 일반적인 데이터로부터 비밀 정보를 논리적으로 유추하는 행위는 (B)이다.
- 원천 데이터를 변조 및 위조하여 데이터를 끼워 넣거나 바꿔치기하는 행위는 (C)이다.

정답) A: 집성(Aggregation), B: 추론(Inference), C: 데이터 디들링(Data diddling)

단답형 3) FTP 동작 방식에 대하여 답하시오.

- FTP는 (A) 모드와 수동(Passive) 모드로 구분된다.
- (A) 모드는 통신 제어를 위한 (B) 포트와 데이터 전송을 위한 (C) 포트를 사용한다.
- 수동 모드에서는 데이터 전송을 위해 서버에서 (D) 포트 이상을 사용한다.

정답) A: 능동(Active), B: 21, C: 20, D: 1024

서술형 1) VLAN의 개념을 설명하고, 구성 방식에 따른 종류를 설명하시오.

정답)

1) 개념: 데이터링크 계층에서 브로드캐스트 도메인을 논리적으로 나누기 위해 사용하는 기술

2) 구성 방식에 따른 종류
   - Port 기반: 스위치 포트를 각 VLAN에 할당하는 방식(가장 일반적인 방식)
   - MAC 기반: 각 호스트의 MAC 주소를 VLAN에 등록하는 방식(호스트들의 MAC 주소를 모두 등록해야 하므로 자주 사용되지 않음)
   - NW 주소 기반: NW 주소별로 VLAN을 구성하는 방식
   - 프로토콜 기반: 같은 통신프로토콜(TCP/IP, IPX/SPX)을 가진 호스트별로 VLAN을 구성하는 방식

취약점 점검 및 보완

취약점 점검 및 보완은 운영체제, 서비스, 보안 장비 및 네트워크 장비의 취약점 점검 및 보완하기, 취약점 점검 및 보완 사항 이력 관리하기로 구분되며, 세부 출제 항목은 다음과 같다(출처: kisq.or.kr).

주요 항목	세부 출제 항목
1. 운영체제 및 버전별 취약점 점검 및 보완하기	• 불필요한 계정 존재 및 악성코드 설치 여부에 대하여 점검·보완할 수 있다. • 운영체제별 보호 대상 객체(파일, 폴더) 권한 설정이 보안 목표에 따라 설정되어 있는지 점검·보완할 수 있다. • *운영체제별 이벤트 로그 정보 생성과 관리가 보안 목표에 따라 설정되어 있는지 점검·보완할 수 있다. • 운영체제 종류 및 버전 정보가 불필요하게 노출되어 있는지 점검·보완할 수 있다. • 원격 접속 및 원격 관리 기능이 보안 목표에 따라 설정되어 있는지 점검·보완할 수 있다. • 운영체제의 패치 관리 또는 패치 관리 시스템이 적절히 설정되어 있는지 점검·보완할 수 있다. • 보안운영체제(SecureOS)를 적절히 설정하고 운영할 수 있다.
2. 서비스 버전별 취약점 점검 및 보완하기	• 조직에서 제공하지 않는 서비스가 동작하고 있는지 점검한 후 제거할 수 있다. • *파일 서버, FTP 서버에 권한이 없는 사용자가 접근할 수 있게 설정되어 있는지, 각 사용자별로 접근할 수 있는 파일/폴더가 적절히 설정되어 있는지 점검할 수 있다. • 공유 폴더에 적절한 접근 통제가 보안 목표에 적합한지 점검하며, 폴더가 불필요하게 공유되어 있는지 점검·보완할 수 있다. • 메일 서버 설정에서 스팸 메일 릴레이가 허용되어 있는지, 메일 송수신 프로토콜(SMTP, POP, IMAP) 보안 설정이 적절한지 점검할 수 있다. • *웹 서버 설정에서 다양한 공격 유형들에 대비하여 보안 설정이 적절한지 점검할 수 있다. • DNS 서버 설정에서 불필요한 명령어 수행이 허가되어 있지 않은지, DNS 보안 조치가 적절히 설정되어 있는지 점검할 수 있다. • DB 서버 설정에서 중요 정보가 암호화되어 저장되고 있는지, DB 객체(테이블, 칼럼, 뷰 등)별 접근 통제가 적절히 설정되어 있는지 점검할 수 있다.

주요 항목	세부 출제 항목
3. 보안 장비 및 NW 장비별 취약점 점검 및 보완하기	• Switch, Router 장비의 관리자 계정 보안이 적절히 설정되어 있는지 점검할 수 있다. • *침입차단시스템(Firewall) 장비 및 Router의 보안 설정(IP별 통제, Port별 통제, 사용자 ID별 통제 등)이 보안 목표에 따라 적절히 설정되어 있는지 점검할 수 있다. • *침입탐지시스템(IDS) 보안 설정이 보안 목표에 따라 적절히 설정되어 있는지 점검할 수 있다. • 침입방지시스템(IPS) 보안 설정이 보안 목표에 따라 적절히 설정되어 있는지 점검할 수 있다. • NAT 설정이 보안 목표에 따라 적절히 설정되어 있는지 점검할 수 있다. • 무선 접속 장비가 보안 목표에 따라 암호화 및 접근 통제가 적절히 설정되어 있는지 확인할 수 있다. • WAF 보안 설정이 보안 목표에 따라 적절히 설정되어 있는지 점검할 수 있다. • *AntiDDoS 보안 설정이 보안 목표에 따라 적절히 설정되어 있는지 점검할 수 있다. • AntiAPT 또는 Sandbox 보안 설정이 보안 목표에 따라 적절히 설정되어 있는지 점검할 수 있다.
4. 취약점 점검 및 보완 사항 이력 관리하기	• 운영체제별 보안 점검 내용과 방법(도구), 발견된 보안 취약점 및 보완 사항을 기록할 수 있다. • 조직에서 사용 중인 주요 서비스에 대해 수행한 보안 점검 내용과 방법(도구), 발견된 보안 취약점 및 보완 사항을 기록할 수 있다. • 네트워크 장비에 대해 수행한 보안 점검 내용과 방법(도구), 발견된 보안 취약점 및 보완 사항을 기록할 수 있다. • 보안 장비에 대해 수행한 보안 점검 내용과 방법(도구), 발견된 보안 취약점 및 보완 사항을 기록할 수 있다.

*출제 비중이 높다.

취약점 점검 및 보완 항목에 대한 문제 유형별 출제 빈도는 다음과 같다.

세부 출제 항목	단답형	서술형	실무형	총합계
취약점 점검 및 보완	**8**	**4**	**4**	**16**
DDoS(Slowloris)	1			1
HTTP(HTTP response splitting)	1			1
Malvertizing(최신)	1			1
SMURF	1		1	2
SQL 인젝션			1	1
SW 보안 약점 진단 방법	1			1
공급망 사슬 공격(최신)	1			1
버퍼 오버플로우	1	1		2
웹 취약점-robot.txt			1	1
웹 취약점-디렉토리 인덱싱			1	1
웹 취약점-파일 업로드 취약점(.htaccess)		1		1
장비 보안 설정		1		1
포트 스캔	1	1		2

▶ 취약점 점검 및 보완 문제 예시

단답형 1) Malware(악성코드)와 Advertising(광고)의 합성어로 랜섬웨어와 유사한 동작을 하는 공격 기법은?

정답) Malvertizing

단답형 2) TCP 포트가 닫혔을 때 응답이 오는 스텔스 스캔 3가지는?

정답) Null scan, FIN scan, XMAS scan

단답형 3) 공격자는 SW 빌드 서버를 해킹하여 악성코드를 삽입한 후, SW 패키징(컴파일) 작업시 정상 파일에 악성코드가 삽입되도록 하는 공격 기법은?

정답) 공급망 사슬 공격(Supply Chain Attack)

서술형 1) 보안 장비(방화벽, IPS, VPN 등)를 신규로 구축할 때 계정 관리 측면의 점검 항목 4가지를 설명하시오(단, 패스워드 복잡성은 기술하지 말 것).

정답)
  1) 보안 장비 Default 계정 변경
  2) 보안 장비 Default 패스워드 변경
  3) 보안 장비 계정별 권한 설정
  4) 보안 장비 계정 관리(미사용 계정 삭제 또는 관리 여부 점검)

실무형 1) Smurf 공격의 원리 및 대응 방법을 설명하시오.

정답)
- 원리: 공격자가 출발지 IP를 희생자 IP로 위조(Spoofing)한 후 증폭 네트워크로 ICMP Echo request를 브로드캐스트하여, 다수의 ICMP Echo reply가 희생자에게 전달되어 서비스를 마비시키게 됨
- 대응 방법
  1) 동일한 ICMP Echo reply 패킷이 발생하는 경우 IPS(침입차단시스템)를 통해 모두 차단(Drop)
  2) 다른 네트워크로부터 자신의 네트워크로 들어오는 Directed Broadcast 패킷을 허용하지 않도록 라우터 설정(no ip directed-broadcast)
  3) 브로드캐스트 주소로 전송된 ICMP Echo request 메시지에 응답하지 않도록 시스템 설정

관제 및 대응

관제 및 대응은 관제하기 및 대응하기로 구분되며, 세부 출제 항목은 다음과 같다(출처: kisq.or.kr).

주요 항목	세부 출제 항목
1. 관제하기	• 조직의 보안 목표에 따라 운영체제 및 버전별, 서비스별(FTP, 메일, WWW, DNS, DB 등) 보안 등 생성되는 로그 정보를 파악하고 로그 내용을 모니터링 및 통제할 수 있다. • *주요 보안 장비(Firewall, IDS, IPS 등), 네트워크 장비(Switch, Router, 무선 접속 AP 등) 등에서 제공되는 로그 정보 관리 도구를 이용하여 로그 정보의 생성 수준, 구성요소 등을 설정할 수 있다. • *최신 공격 및 대응 기술에 대해 이해하고 모니터링 및 통제할 수 있다.
2. 대응하기	• *시스템별, 주요 서비스별, 유·무선 네트워크 장비별, 보안 장비별, 시간대별로 보안 로그 정보를 통합, 분석할 수 있다. • 통합 보안 로그를 정렬하여 내·외부 공격 시도 및 침투 여부 등 관련 정보를 수집 및 분석할 수 있다. • *시스템별, 주요 서비스별, 유·무선 네트워크 장비별, 보안 장비별 비정상 접근과 변경 여부를 확인 및 분석할 수 있다. • 업무 연속성을 위한 정보 및 보안 설정 정보를 백업 및 복구 등으로 대응할 수 있다. • 최신 공격 및 대응 기술에 대해 이해하고, 분석 및 대응 정책을 수립 적용할 수 있다.

*출제 비중이 높다.

관제 및 대응 항목에 대한 문제 유형별 출제 빈도는 다음과 같다.

세부 출제 항목	단답형	서술형	실무형	총합계
관제 및 대응	1	2	6	9
iptables			1	1
NTP 공격			1	1
Snort rule		1	2	3
스니핑 공격			1	1
유닉스 명령어(find, tcpdump)	1	1		2
유닉스 명령어(last, chattr, proc)			1	1

▶ 관제 및 대응 문제 예시

단답형 1) 보안 관제 업무시 사고 발생 후 시행되는 디지털 포렌식의 기본 원칙 5가지는 정당성 원칙, 재현성 원칙, 신속성 원칙, (A), (B) 이다.

정답) A: 연계성 원칙, B: 무결성 원칙

서술형 1) 침해사고 발생 이후 리눅스 시스템에서 다음과 같은 조사를 하였다. 각 명령어를 완성하시오.

1) 최근 7일 내에 변경된 모든 파일을 검색하는 명령어

2) 사용자가 root이며 접근 권한이 setuid로 설정된 모든 파일을 검색하는 명령어

3) 호스트 192.168.256.3에서 192.168.10.48로부터 이상(anormaly) 트래픽이 탐지되었다. tcpdump 명령을 통해 인터페이스 eth0을 통해 192.168.253.3에서 192.168.10.48을 오가는 패킷을 캡쳐하는 명령

정답)

1) find / -mtime -7

2) find / -user root -perm -4000

3) tcpdump -l eth0 -n host 192.168.10.48 and host 192.168.265.3

서술형 2) 아래 Snort 룰을 보고 다음 물음에 답하시오.

alert tcp any any -> any 80 (msg:"경고메시지"; content:"/GET \ HTTP\1./"; nocase; offset:0; sid:1000001; thresold:type thresold, track_src, count 10, seconds 1;)

1. snort의 action 중 차단과 로그를 남기는 action 두 가지

2. 해당 content를 처음 위치에서 13byte만 확인하여 매칭하는 옵션 작성

3. 해당 rule에서의 threshold 동작은 어떻게 이뤄지는가

정답)

1) Drop, reject

2) Depth 13;

3) 동일한 출발지에서 1초에 10번 오는 패킷을 탐지하여 10번째마다 alert 함.

정보보호 계획 수립

정보보호 계획 수립은 IT 현황 및 자산 파악하기, 조직의 요구사항 파악하기, 관련 법령 검토하기로 구분되며, 세부 출제 항목은 다음과 같다(출처: kisq.or.kr).

주요 항목	세부 출제 항목
1. IT 현황 및 자산 파악하기	• 조직의 보안 목표 문서와 IT 환경 설계도, 네트워크 구성도를 파악할 수 있다. • *보호 대상 정보 자산에 대한 기밀성, 무결성, 가용성 및 법적 준거성 등의 측면으로 중요도를 평가할 수 있다. • 보호 대상인 정보 자산을 식별하고 관리하며, 각 정보 자산에 접근할 수 있는 사용자 또는 역할에 대한 정보를 수집, 분석할 수 있다.
2. 조직의 요구사항 파악하기	• 조직이 수행하는 핵심 비즈니스 내용 및 목적을 파악, 정리할 수 있다. • *컨설팅 대상 조직의 요구사항과 조직을 구성하는 물리적 환경 및 IT 환경, 기업 정보 및 (개인)정보보호 조직에 대한 정보를 수집할 수 있다. • 조직에서 제공하는 주요 서비스 및 네트워크 구조 정보를 수집할 수 있다.
3. 관련 법령 검토하기	• 조직의 비즈니스 내용 및 보안 목표 문서를 파악할 수 있다. • *조직의 비즈니스 내용과 관련된 법률 및 규정 정보를 파악할 수 있다. • *조직의 비즈니스 수행 중 발생될 수 있는 정보보호 의무사항 위반시 적용되는 법률 및 규정 정보를 수집할 수 있다. • *정보보호 관련 법률 및 규정을 준수하기 위해 필요한 조직의 물리적, 관리적 보호 대책을 수립할 수 있다.

* 출제 비중이 높다.

정보보호 계획 수립 항목에 대한 문제 유형별 출제 빈도는 다음과 같다.

세부 출제 항목	단답형	서술형	실무형	총합계
정보보호 계획 수립	**10**	**3**	**3**	**16**
CC 인증	2			2
ISAC	1			1
개인정보 안전성 확보 조치 기준	1			1
개인정보수집, 이용, 처리		1		1
개인정보수집 동의			2	2
개인정보 암호화			1	1
개인정보 처리 위탁	1			1
공인인증서		1		1
기반 시설 지정 요건	1			1
로그 관리	1			1
비밀번호 작성 규칙		1		1
영상 정보보안	1			1
접속 기록	1			1
주민등록번호 사용 제한	1			1

▶ 정보보호 계획 수립 문제 예시

단답형 1) "접속 기록"이란 개인정보취급자 등이 (A)에 접속한 사실을 알 수 있는 계정, 접속일시, 접속자 정보, (B) 등을 (C) 으로 기록한 것을 말한다. 이 경우 "접속"이란 개인정보처리 시스템과 연결되어 데이터 송신 또는 수신이 가능한 상태를 말한다.

정답) A: 개인정보처리시스템, B: 수행 업무, C: 전자적

단답형 2) 정보보호시스템 공통평가기준(CC: Common Criteria)에 있는 내용에 대하여 답하시오.

　　(A)는 평가 대상 범주를 위한 특정 소비자의 요구에 부합하는 구현에 독립적인 보안 요구사항의 집합을 말한다.

　　(B)는 식별된 평가 대상의 평가를 위한 근거로 사용되는 보안 요구사항과 구현 명세의 집합을 말한다.

　　(C)는 공통 평가 기준에서 미리 정의된 보증 수준을 가지는 보증 컴포넌트로 이루어진 패키지를 말한다.

정답) A: PP(보호 프로파일), B: ST(보안 목표 명세서), C: EAL(평가 보증 등급)

단답형 3) 다음은 정보보호 5가지 목표를 제시하고 있다. 빈칸에 알맞은 용어를 넣으시오.

　　가. 기밀성　나. 무결성　다. (A)　라. (B)　마. (C)

정답) A: 가용성, B: 인증, C: 부인방지

▶ 정보보호 계획 수립 문제 예시

서술형 1) 쇼핑몰 사이트를 운영하는 정보통신 서비스 제공업체의 보안 취급자가 개인정보 안전성 확보 조치를 위하여 비밀번호 작성 규칙을 설정하려고 한다. 이에 대해 기술적 관리적 보호 조치 사항 3가지를 기술하시오.

정답)

    1) 패스워드 복잡도 및 길이: 영문, 숫자, 특수 문자 중 2종류 이상 조합시는 10자리 이상, 3종류 이상 조합시는 최소 8자리 이상의 길이로 구성

    2) 유추하기 어려운 비밀번호 사용: 연속적인 숫자나 생일, 전화번호 등 추측하기 쉬운 개인정보 및 아이디와 비슷한 비밀번호는 사용하지 않을 것을 권고

    3) 패스워드 유효기간 설정: 비밀번호에 유효기간을 설정하여 최소 반기별 1회 이상 변경

실무형 1) 개인정보 파일 내용이다. 다음 중에서 개인정보의 기술적·관리적 보호 조치 기준에 따라 암호화할 대상은 무엇이고, 암호화 방법과 암호화 장점을 설명하시오.

    1. 성명, 2. 성별, 3. 전화번호, 4. 비밀번호, 5. 주민번호, 6. 카드번호, 7. 여권번호

정답)

    1) 암호화할 대상
- 비밀번호: 일방향 암호화 알고리즘(SHA2 이상)
- 주민번호, 카드번호, 여권번호: 대칭키 알고리즘(128비트(AES, SEED) 이상)

    2) 암호화 방법 및 암호화 장점
- 일방향 암호화 알고리즘: 복호화가 불가능하여 기밀성 극대화, 시스템 리소스 적게 소모
- 대칭키 암호화 알고리즘: 복호화가 가능하여 필요시 원문 확인 가능, 빠른 암복호화 연산

위험 분석

위험 분석은 조직의 내외부 위협 요인 분석하기, 조직의 H/W, S/W 등 정보 자산 취약점 분석하기, 조직의 정보 자산 위협 및 취약점 분석 정리하기, 위험 평가하기, 정보보호 대책 선정 및 이행 계획 수립하기로 구분되며, 세부 출제 항목은 다음과 같다(출처: kisq.or.kr).

주요 항목	세부 출제 항목
1. 조직의 내외부 위협 요인 분석하기	• 조직의 비즈니스 목표 및 세부 비즈니스 관련 문서를 파악할 수 있다. • *위험 분석을 수행하기 위하여 전문 인력 구성, 기간, 대상, 방법, 예산 등을 구체화한 위험 관리 계획을 수립하고 이행할 수 있다. • 조직의 IT 환경의 시스템 및 네트워크 구성도 등 정보 자산 현황을 파악할 수 있다. • 조직 내·외부 사용자로부터의 위험 요인을 분석할 수 있다. • IT 환경을 구성하는 서버, 애플리케이션, DBMS, PC 등으로부터의 위협 요인을 분석할 수 있다. • 조직의 네트워크를 구성하는 네트워크 장비, 보안 장비로부터의 위협 요인을 분석할 수 있다. • 정보보호 및 개인정보보호 관련 법적 준거성 위험을 식별할 수 있다. • 기타 국내외 정보보호 표준 등을 고려하여 기술적, 관리적, 물리적 위험을 식별할 수 있다.
2. 조직의 H/W, S/W 등 정보 자산 취약점 분석하기	• 조직의 H/W 자산(PC, 서버, 네트워크 및 보안 장비), S/W 자산(운영체제, 상용 및 자가 개발 패키지), 정보 자산(기업 정보 및 고객 정보) 및 기타 유무형의 정보(기업 이미지 등)를 조사하고 식별할 수 있다. • 조직의 비즈니스 목표를 기준으로 보호 대상 자산별 중요도를 결정할 수 있다. • *IT 환경을 구성하는 서버, 네트워크, DB, 애플리케이션, PC, 정보 자산 등의 취약점을 분석할 수 있다.
3. 조직의 정보 자산 위협 및 취약점 분석 정리하기	• 조직의 H/W 자산(PC, 서버, 네트워크 및 보안 장비)에 대한 중요도, 내·외부 위협 및 취약점 분석 내용을 정리할 수 있다. • 조직의 S/W 자산(운영체제, 상용 및 자가 개발 패키지)에 대한 중요도, 내·외부 위협 및 취약점 분석 내용을 정리할 수 있다. • *조직의 정보 자산(기업 정보 및 고객 정보)에 대한 중요도, 내·외부 위협 및 취약점 분석 내용을 정리할 수 있다.

주요 항목	세부 출제 항목
4. 위험 평가하기	• *식별된 위험을 기반으로 위험도를 산정할 수 있다. • 조직에서 수용 가능한 목표 위험 수준을 정하고 그 수준을 초과하는 위험을 식별할 수 있다. • 위험 식별 및 위험 평가 결과를 경영진에게 보고할 수 있다.
5. 정보보호 대책 선정 및 이행 계획 수립하기	• *식별된 위험에 대한 처리 전략(위험 감소, 위험 회피, 위험 전가, 위험 수용 등)을 수립하고 위험 처리를 위한 정보보호 대책을 선정할 수 있다. • 정보보호 대책의 우선순위를 정한 후에 일정, 예산 등을 포함하여 정보보호 대책 이행 계획을 수립하고 경영진에게 보고할 수 있다.

* 출제 비중이 높다.

위험 분석 항목에 대한 문제 유형별 출제 빈도는 다음과 같다.

세부 출제 항목	단답형	서술형	실무형	총합계
위험 분석	9			9
델파이	1			1
위험 관리	1			1
위험 구성요소	2			2
위험 대응 기법	1			1
위험 처리	1			1
위험 평가 접근법	1			1
위험 평가(ALE)	1			1
정성적 위험 분석 방법론	1			1

▶ 위험 분석 문제 예시

단답형 1) 위험을 구성하는 4가지 기본 요소를 쓰시오.

정답) 자산, 취약성, 위협, 정보보호 대책

단답형 2) 위험 처리 방법에는 위험 감소, 위험 수용, 위험 회피, 위험 (A)가 있다. (A)는 보험이나 외주가 있다. A는 무엇인가?

정답) 위험 전가

단답형 3) 정량적 위험 분석 방법에 대하여 다음 빈칸에 들어갈 말을 쓰시오.

SLE = AV * (A)

ALE = SLE * (B)

정답) A: EF(손실계수), B: ARO(연간 발생률)

단답형 4) 시스템에 관한 전문적인 지식을 가진 전문가 집단을 구성하고, 정보시스템이 직면한 다양한 위협과 취약성을 토론을 통해 분석하는 방법은?

정답) 델파이 기법

정보보호 대책 구현

정보보호 대책 구현은 정보보호 정책 수립 및 운영하기, 관리적 정보보호 대책 구현 및 운영하기, 물리적 정보보호 대책 구현 및 운영하기, 기술적 정보보호 대책 구현 및 운영하기로 구분되며, 세부 출제 항목은 다음과 같다(출처: kisq.or.kr).

주요항목	세부 출제 항목
1. 정보보호 정책 수립 및 운영하기	• 정보보호 정책을 수립하고 경영진에게 승인을 받고 이를 조직원에게 공표하며, 주기적으로 정보보호 정책 및 관련 하위 규정에 대한 검토를 할 수 있다.
2. 관리적 정보보호 대책 구현 및 운영하기	• 조직의 주요 직무자를 지정하고 관리하며, 권한의 오남용 등으로 정보보호 이슈가 발생되지 않도록 직무 분리 등의 보안 통제를 마련하고 비밀유지에 대한 서약서를 받을 수 있다. • 외부 업체 및 외부자와 계약시 보안 요구사항에 대한 사항을 이해하고 외부자가 업무를 수행함에 있어서 보안 점검 등을 수행하고 계약 만료 시에 검토해야 할 사항을 이해할 수 있다. • 조직의 정보보호 교육 계획을 수립하고 교육의 대상(임직원 및 외부자 등)과 필요한 교육 내용(구현된 정보보호 대책 운영 등)을 이해하고 교육 시행(정기, 수시) 및 관련 사항에 대한 평가를 수행할 수 있다. • 조직은 정보보호 및 법적 요구사항 등을 효과적으로 운영하고 있는지를 점검하기 위한 내부 감사를 이해할 수 있다.
3. 물리적 정보보호 대책 구현 및 운영하기	• 보호해야 할 물리적 보호 구역 지정 및 보호 설비가 갖추어야 할 요건 등을 이해할 수 있다. • 보호 구역 내의 출입 통제 방법 및 보호 구역 내에서 작업 시 주의사항 등을 이해할 수 있다. • 물리적 보호 구역 내의 중요 시스템 보호에 필요한 케이블 보호, 시스템 배치 및 관리를 이해할 수 있다. • 조직이 사용하고 있는 사무실 내의 개인 업무 환경 및 공용 업무 환경에 필요한 정보보호를 이해할 수 있다.

주요 항목	세부 출제 항목
4. 기술적 정보보호 대책 구현 및 운영하기	• 시스템 및 S/W 개발 시의 분석, 설계, 구현 및 이관의 생명주기에 맞게 필요한 개발과 운영 환경 분리, 시험 데이터 보안, 소스 프로그램 보안 등에 관련된 사항을 이해할 수 있다. • 조직의 중요 정보를 보호하기 위하여 암호화 대상, 알고리즘, 키 관리 등에 관련된 기술적 보호 대책 및 법적 요구사항을 이해할 수 있다. • 비인가자의 접근을 통제할 수 있는 접근 통제(사용자 등록, 권한 부여, 접근 권한 검토, 사용자 인증, 비밀번호 관리)에 기술적 사항을 이해할 수 있고 서버, 네트워크, 응용프로그램, 데이터베이스, 모바일 기기 등에 대한 기술적 접근 통제에 대한 사항을 이해할 수 있다. • 조직이 운영하고 있는 IT 시스템의 도입, 성능 및 용량 관리, 장애 관리, 변경 관리, 원격 운영, 무선 네트워크 보안, 백업 관리 등 시스템 운영에 대한 기술적 보호 대책을 이해할 수 있다. • 바이러스 등의 악성코드로부터 정보시스템을 보호하고 이에 필요한 패치 관리 등에 대한 사항을 이해할 수 있다. • 조직이 DDoS, 개인정보 유출 사고 등의 침해사고에 대하여 대응 절차, 대응 체계 구축, 침해사고 모의 훈련, 침해사고 분석, 처리, 복구 등에 대한 기술적, 관리적 절차를 이해할 수 있다. • IT 재해 복구, 업무 연속성 관리에 필요한 체계 구축, 영향 분석, 복구 대책 수립, 모의 훈련 등에 대한 사항을 이해할 수 있다.

* 출제 비중이 높다.

정보보호 대책 구현 항목에 대한 문제 유형별 출제 빈도는 다음과 같다.

세부 출제 항목	단답형	서술형	실무형	총합계
정보보호 대책 구현	5	4		9
BCP	1			1
DDoS, Memcached	1			1
DRS 유형	2			2
iptables		1		1
NDD		1		1
망 분리		1		1
보안 솔루션(NAC)	1			1
웹 서버 설정(xinetd.conf)		1		1

▶ 정보보호 대책 문제 예시

단답형 1) 각종 재해나 재난의 발생을 대비하기 위하여 핵심 시스템의 가용성과 신뢰성을 회복하고 사업의 지속성을 유지하기 위한 일련의 계획과 절차를 말한다. 이것은 단순한 데이터의 복구나 신뢰도를 유지하는 것뿐만 아니라 나아가 기업의 전체적인 신뢰성 유지와 가치를 최대화하는 방법과 절차를 포함한다.

정답) 업무연속성계획(BCP: Business Continuity Planning)

단답형 2) 다음 각 항목에 알맞은 재난 복구 서비스(DRS)를 설명하시오.

  (A): 백업 장치나 테이프와 같은 것만 구비한다. 중요성이 높은 정보 기술 자원만 부분적으로 사이트에 보유한다.

  (B): 주 센터와 동일한 수준의 정보 기술 자원을 사이트에 보유하면서, 데이터를 최신으로 유지한다.

  (C): 컴퓨터실과 같은 장소만 확보하고 정보 자원은 확보하지 않은 상태에서, 재해시 정보 자원을 가지고 온다.

정답) A: 웜 사이트, B: 핫 사이트, C: 콜드 사이트

▶ 정보보호 대책 문제 예시

서술형 1) iptables에서 -j 옵션 중 drop과 reject가 있다. 각각을 설명하고 보안 관점에서 어떤 걸 써야 하는지 고르고 그 이유를 설명하시오.

정답)

    1) drop: 응답 메시지를 보내지 않음

    2) reject: RST 패킷을 ICMP 메시지로 응답

    3) 보안 관점에서 더 좋은 옵션: ICMP 메시지에 포함된 정보는 공격자에게 취약점에 대한 힌트가 될 수 있으므로 drop을 쓰는 것이 좋음

서술형 2) 아래 기술된 유닉스의 ndd 명령어에 대하여 각각 어떤 공격을 대응하기 위함인지 설명하시오.

    1) ndd -set /dev/ip ip_forward_directed_broadcasts 0

    2) ndd -set /dev/tcp tcp_conn_req_max_q0 512

정답)

    1) Smurf 공격: 공격자가 Direct broadcast를 통해 ICMP Echo request를 보내지 못하도록 제한

    2) TCP SYN Flooding 공격: TCP의 연결 가능 Backlog 큐 개수를 늘림

서술형 3) 서버 기반 논리적 망 분리 기술 중 인터넷망 가상화와 업무망 가상화의 장점을 각각 2가지 이상 서술하시오.

정답)

  1) 인터넷망 가상화 장점
- 가상화 서버 환경에 사용자 통제 및 관리 정책 일괄 적용 가능
- 가상화된 인터넷 환경 제공으로 인한 악성코드 감염 최소화
- 인터넷 환경이 악성코드에 감염되거나 해킹을 당해도 업무 환경은 안전하게 유지 가능

  2) 업무망 가상화 장점
- 가상화 서버 환경에 업무 정보가 저장됨에 따라 업무 데이터 중앙 관리 및 백업 용이, 내부 정보 유출 방지 효과 증가
- 사용자 통제 및 관리 정책 일괄 적용 가능
- 단, 사용자 컴퓨터(로컬 영역)가 악성코드에 감염되거나 해킹당했을 때 업무망으로의 악성코드 유입 및 불법적인 침해 발생 가능

2. 과목별 핵심 원리 이해를 통해 합격을 위한 기본기 다지기

필기 시험의 경우 객관식 4지선다형으로 각 과목별 20문제로 구성되어 있으며, 과목당 40점 이상, 전체 평균 60점 이상을 획득하면 합격이다. 단순히 필기 시험을 합격하는 것이 목적이라면 시중에 나와 있는 이론서를 2회 읽고, 기출문제집을 2회 반복해서 풀면 합격권에 들어갈 수 있다.

그러나 두 달 뒤에 치러지는 실기 시험의 경우 필기 시험과 같이 단순 암기식으로만 학습할 경우 합격이 쉽지 않다. 또한, 정보보안기사 자격을 취득하려는 목적이 취직, 이직과 같이 실무에 활용하는 데 있다면 암기식 학습은 바람직하지 않다. 따라서 필기 시험을 준비할 때부터 실기 시험과 합격 이후를 염두에 두고 이해 중심의 학습을 할 필요가 있다.

▷ 정보보안 프레임웍

| 위협(Threat)/사고 | 취약점(Vulnerability) | 정보 자산(Asset) | 정보보안 대응 |

내부 위협
- 유출/훼손
  - 과실
  - 고의

외부 위협
- 위조/변조
  - 해킹
  - 악성코드
  - 피싱
  - DDoS

Secured
- OWASP 10대 취약점
- 국정원 8대 취약점
- SW 보안 47개 취약점

애플리케이션
- 웹
- 메일
- DB

NW
- OSI 7 계층
- 스위치, 라우터

시스템
- 클라이언트
- 서버

관리체계 → 관리적 보안
- 정보보호 관리 - ISMS, 위험 평가
- 준거성 → 정보보호 법규 - 정보통신망법, 개인정보보호법

보안 일반 → 물리적/기술적 보안
- 보안 요소 기술 - 인증, 접근 통제, 키분배, 전자서명
- 구현 → 암호학 - 암호 알고리즘, 해시 함수

첫 번째, 정보보안의 숲을 파악하라 (큰 그림 그리기)

전체 5과목(시스템 보안, 네트워크 보안, 애플리케이션 보안, 정보보안 일반, 정보보안 관리 및 법규)이 상호 어떤 연관 관계를 가지고 있는지 큰 틀에서의 이해가 필요하다. 먼저, 정보보안 위협의 대상이자 보호 대상이 되는 정보 자산Asset은 숲의 한 가운데 있는 가장 핵심이 되는 요소

이며, 크게 3개의 유형(시스템, NW, 애플리케이션)으로 분리할 수 있다.

정보 자산은 비즈니스 목적에 따라 생성된 정보가 저장 또는 이동할 수 있도록 처리하는 역할을 수행하며, 처리하는 정보의 등급에 따라 그 중요도 및 가치가 결정된다. 정보의 등급은 크게 4가지(공개 정보, 내부 정보, 비밀 정보, 극비 정보)로 분류할 수 있으며, 정보 자산이 처리하는 정보의 등급이 높을수록 해당 자산의 중요도 및 가치도 높다고 할 수 있다. 즉, 해커로부터의 공격(위협) 대상이 될 확률이 높으며, 공격이 성공하였을 때 미치는 영향 또한 매우 크다. 따라서 정보 자산의 중요도에 따라 정보보안 대응을 위한 우선순위도 달라져야 한다.

정보보안 대응의 우선순위는 취약점과 연계하여 설명할 수 있다. 취약점이란 정보 자산이 생산 또는 배치되는 과정에서 결함 또는 잘못된 설정 등으로 인하여, 공격이 성공하는 데 악용될 수 있는 요소를 의미한다. 즉, 취약점이 식별된 자산에 대한 조치 우선순위 또한 해당 자산의 중요도에 따라 달라진다.

대표적인 취약점으로는 SQL Injection(CWE-89)이 있다. SQL Injection은 데이터베이스 질의 언어인 SQL Structured Query Language 처리 과정에서 웹 사이트 입력 창 등에서 입력된 특수 문자 등으로 인하여 중요 정보가 유출될 수 있는 취약점으로, OWASP Top 10 취약점에서 최근 몇 년간 계속 상위에 위치하고 있다. SQL Injection 취약점이 발견된 웹 사이트의 경우는 특수 문자 입력을 방지하는 필터링 코드를 소스 코드에 추가하는 조치가 필요하다.

참고로, 취약점 분석 단체인 MITRE에서는 취약점에 대하여 CWE Common Weakness Enumeration, CVE Common Vulnerability and Exposure 번호를 부여하여 누구나 쉽게 찾아볼 수 있고, 빠르게 대처할 수 있도록 관리하고 있다. CWE는 일반적으로 SW와 HW의 취약점을 분류해 놓은 번호이고, CVE는 특정 자산에 대하여 발견된 취약점을 시간대별(발견 연도 포함)로 분류해 놓은 번호이다. SQL Injection의 경우 CWE-89번으로 등재되어 있으며, Oracle DBMS 10.2.0.3에서 발견된 SQL Injection 취약점은 CVE-2012-3132로 등재되어 있다. (CWE, CVE 웹 사이트: http://cwe.mitre.org, http://cve.mitre.org).

따라서 정보 자산(시스템, 네트워크, 애플리케이션)은 보안 요구사항을 반영하여 설계, 개발, 구축되어야 하며, 식별된 취약점에 대하여는 설정 변경 또는 보안 패치를 적용하는 활동을 지속적으로 수행해야 한다. 즉, 정보 자산에 대한 보안 통제는 일회성이 아니라 지속성을 가지고 체계적으로 이루어져야 하며, 취약점 외에도 감독 기관 및 규제 기관에서 요구하는 법적인 요구 사항들도 정보 자산에 대한 보안 통제에서 고려되어야 할 중요한 요소이다.

이와 같이 조직은 정보 자산에 대한 내외부의 위협과 취약점, 법적인 요건들을 모두 고려하여 보안 정책을 수립하고, 절차를 마련하고, 위험 평가 결과에 따라 우선순위를 산정하여 관리적, 물리적, 기술적 보안 대책을 적용하고 지속적으로 모니터링할 수 있는 정보보안 거버넌스 체계를 마련해야 한다.

▷ 정보보안 거버넌스 체계 개념도

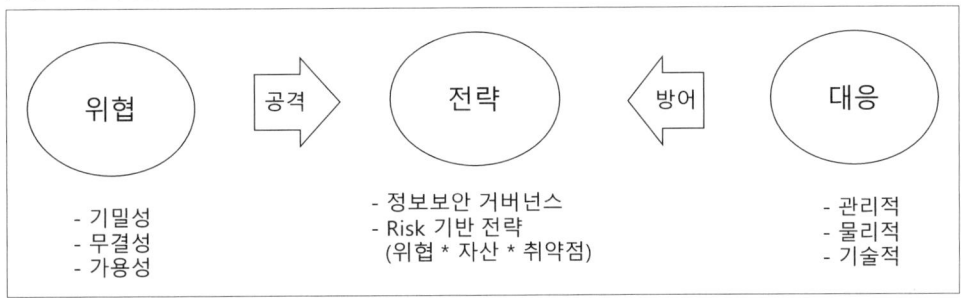

정보보안의 숲을 이해했다면, 이제는 숲을 구성하고 있는 나무들을 볼 차례다. 나무를 볼 때에도 숲을 그릴 때 사용된 핵심적인 개념들이 그대로 적용된다. 해당 자산의 취약한 항목이 무엇인지, 위협이 취약점을 어떻게 악용하는지를 공격자의 시각에서 바라보고 이해한다면 어떤 대응책이 왜 필요한지까지 자연스럽게 연결될 수 있다.

정보보안기사는 "전문 이론과 실무 능력을 기반으로 IT 기반 시설 및 정보에 대한 체계적인 보안 업무 수행이 가능한 자"이다.

이해가 수반되지 않고 시험 통과만을 목적으로 단순 암기식으로 학습한다면 최종 합격까지 가는 길도 힘난할 것이고, 설사 합격을 한다고 하더라도 실무 현장에서 업무를 수행할 때 보안기사라는 자격증이 부끄러운 상황에 직면할지도 모른다.

두 번째, 시스템 보안 이해하기

시스템 보안은 크게 클라이언트 보안과 서버 보안으로 구성되어 있다. 정보에 대한 접근이 이루어지는 단말Endpoint로서의 클라이언트와 정보를 처리하는 시스템으로서의 서버는 정보 자산의 뼈대를 이루는 핵심적인 인프라Infra이다.

▷ 시스템 보안 개념도

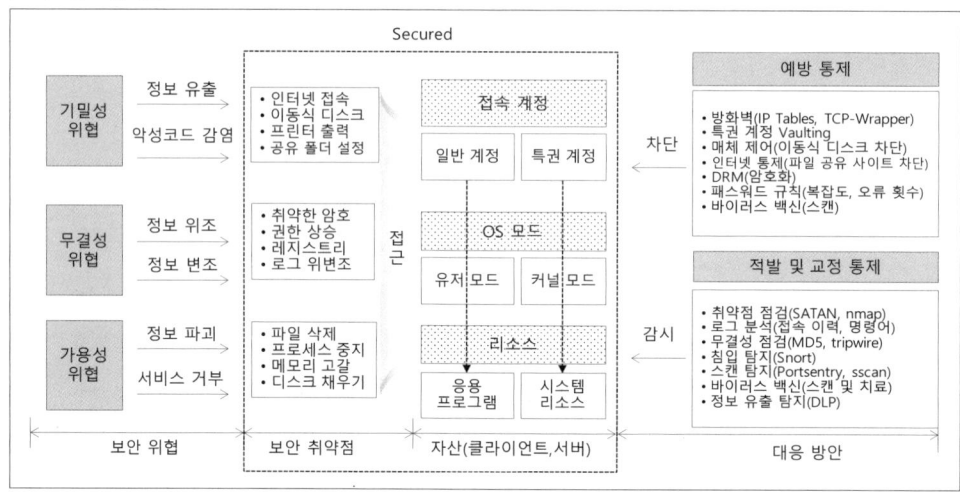

먼저 클라이언트는 서버에 대한 접근 채널로서 응용프로그램을 통하여 서버와 연결되어 특정 업무에 대한 조회, 변경, 삭제를 처리할 수 있다. 또는 서버에 직접 접속하여 파일을 생성, 변경, 삭제하거나 특정 프로세스를 실행, 중지, 모니터링을 수행하기도 한다. 이와 같이 클라이언트는 서버에 직/간접적으로 접속하는 관문이 되므로, 공격의 1차 목표가 된다.

클라이언트의 사용자는 일반 사용자와 관리자로 구분할 수 있다. 일반 사용자의 경우는 클라이언트 자체에 대해서도 제한된 권한을 가지고 있어, 계정을 생성하거나 OS 자체의 설정 변경 등 특권이 필요한 작업이 불가능하다. 그러나 업무를 수행하는 과정에서 이메일을 통해 주고받거나 응용프로그램을 통해 내려받은 업무 데이터가 보관되어 있고, 인터넷 접속이 허용된 경우가 많기 때문에 정보 유출 위협에 가장 많이 노출되어 있다. 따라서 정보가 유출되는 관문에 대한 보안 통제가 중요하다.

이에 대하여, 예방 통제 관점에서는 매체 제어 솔루션을 이용한 이동식 디스크 사용 차단, 파일 공유 사이트 등에 대한 접속 차단, 출력물 통제(인증, 승인 절차), DRM 암호화 등이 필요하다. 적발 및 교정 통제 관점에서는 DLP 모니터링(이동식 디스크 사용, 이메일, 웹 접속을 통한 파일 유출 모니터링), 출력물에 대한 워터마킹 및 샘플링 점검 등이 필요하다.

클라이언트 사용자 중 관리자의 경우 특히 공격자의 집중적인 타겟이 된다. 관리자는 응용프로그램에서 계정을 생성하거나 권한을 변경하는 역할 수행이 가능하고, 시스템 Admin 권한을 가진 관리자의 경우는 OS 레벨에서 특권 명령 수행을 통하여 프로세스 변경 및 중지, 파일 변경 및 삭제, 로그 변경 및 삭제, 계정 생성 및 권한 변경 등이 가능하기 때문이다. 이에 따라 관리자가 사용하는 클라이언트를 경유하여 서버에 접속하여 정보 위변조 및 파괴, 서비스 거부 공격 등이 발생할 수 있는 리스크가 특히 높다고 할 수 있다. 따라서 관리자 계정에 대한 노출을 예방하기 위한 보안 통제가 무엇보다도 중요하다. 이에 대하여, 예방 통제 관점에서는 관리자용 클라이언트의 경우 중요 단말로 지정하여 추가적으로 이메일, 인터넷, 사내 그룹웨어 사용 차단, 백신 스캔 주기 단축, 서버 직접 접속 시 이중인증(2FA) 적용 등의 강화된 통제가 필요하다. 적발 및 교정 통제 관점에서는 레지스트리를 조작하여 부팅 시 악성코드 실행 등이 불가하도록 레지스트리 변화 감시 모니터링이 필요하며, 키로거와 같은 악성코드가 설치되어 관리자가 입력하는 계정, 패스워드, 서버의 IP 주소 등이 탈취되지 않도록 바이러스 패턴을 항상 최신으로 업데이트해서 관리해야 한다.

참고로, 엔드포인트 위협 탐지 및 대응의 중요성이 부각되면서 최근 EDR Endpoint Detection and Response 솔루션이 각광받고 있다. 백신, DLP와 같이 기존에 사용하던 보안 솔루션은 수동적 대응 성격이 강한 반면, EDR은 엔드포인트 사용자의 활동과 백그라운드에서 동작하는 애플리케이션의 활동을 빅데이터 및 인공지능 기술을 활용하여 실시간 모니터링 및 대응할 수 있다는 측면에서 능동적인 보안 솔루션이라고 할 수 있다.

두 번째로, 서버의 경우 업무 프로그램의 실행을 지원하기 위한 플랫폼(웹, WAS, DBMS 등) 및 각종 프로세스들이 실행되고 있는 코어 시스템이다. 따라서 서버에 접속하는 클라이언트의 취약점이 그대로 서버에 영향을 주게 되므로, 1차적으로는 클라이언트 자체에 대한 보안 통제가 중요하다. 다음으로는 비인가 클라이언트가 서버에 접속하는 것을 차단하기 위한 접근 통제가 필요하다. 네트워크 레벨에서의 방화벽 외에도 IP Tables, TCP-Wrapper와 같이 서버 자체의 접근 통제 적용을 함께 고려해야 한다. 방화벽이 존재하지 않는 구간 및 동일 구간 내의 서버 간 접속은 네트워크 방화벽으로 통제하는 데 제약 사항이 있기 때문이다.

서버 내 계정도 클라이언트와 마찬가지로 크게 일반 계정과 특권 계정(root, administrator)으로 분류할 수 있다. 특권 계정은 서버 내의 계정을 생성하거나 권한 설정을 변경할 수 있고, 특권 명령 수행을 통하여 프로세스 변경 및 중지, 파일 변경 및 삭제, 로그 변경 및 삭제 등이 가능하다. 따라서 서버 내 특권 계정의 패스워드는 평상시에는 PIM Privilege ID Management System에 보관 Vaulting하고 있다가, 필요 시 승인 절차를 거쳐 사용하도록 하는 등의 강화된 통제가 필요하다. PIM에서 관리되는 패스워드는 사용 시간 종료 후 자동으로 변경 처리 됨으로 더 안전하다고 할 수 있다.

계정 비밀번호는 쉽게 유추하지 못하도록 복잡도, 오류 횟수 제한, 주기적 변경 등과 같은 규칙에 따라 설정되어야 한다(예: 8자리 이상에 영문 대소문자, 숫자, 특수 문자를 조합하고, 3회 이상 틀렸을 때 잠금 설정, 90일마다 변경). 비밀번호는 암호화되어 저장되어야 하며, 일방향 암호화 알고리즘으로 복호화가 불가능하도록 해야 한다.

그럼에도 불구하고 관리자 단말에 키로거와 같은 악성코드를 설치하여 서버의 중요 계정 정보를 알아내게 되는 경우 서버에 비인가 접근이 가능하게 된다. 이후 서버 내 중요 파일을 변조하거나, 추가적인 취약점을 찾기 위해 스캐닝을 하거나, 백도어를 설치하는 등의 악의적인 행위를 수행하게 된다. 이와 같이 다계층 보안 통제를 뚫고 들어와 공격이 이루어지면 관건은 얼마나 빠르게 공격이 일어났는지를 감지하고 공격의 원천을 추적하느냐에 달려 있다.

중요 파일이 변조되었는지 여부를 확인하기 위해서는 무결성 점검 도구(MD5, Tripwire)를 이용하여 주기적인 점검을 수행해야 한다. 공격자가 시도하는 스캐닝 여부를 확인하기 위하여 Portsentry와 같은 스캔 탐지 도구를 이용하여 스캐닝이 이루어지고 있는지 여부를 확인할 수 있다. 백도어와 같은 악성코드가 설치되었는지 여부를 확인하려면 프로세스 모니터링을 하거나, 명령어 수행 이력을 확인하여 인가되지 않은 행위가 이루어졌는지 여부를 확인할 수 있다. 이와 같이 사후 모니터링을 수행하는 경우 가장 중요한 것은 로그 레벨을 적절하게 설정하고 로그가 안전하게 저장되도록 관리하는 것이다. 서버에 저장된 로그의 경우 관리자 계정으로 침입이 이루어지는 경우 삭제 및 변조에 취약하기 때문에 별도의 로그 분석 서버로 실시간 전송을 하고 WORM Write Once Read Many 저장 장치에 보관함으로써 침입 흔적을 지우는 행위에 대비해야 한다.

그러나 사실 이와 같은 사후(적발) 통제 방식은 이미 악의적인 행위가 이루어진 뒤 행해지기 때문에 리스크를 보다 경감시키기 위하여 사전(예방) 통제를 고려할 수 있다. 즉 명령어 통제 솔루션을 활용하여 서버에 변경을 줄 수 있는 명령어(rm, cp, kill, mv, ren, dd) 등은 기본적으로 수행을 금지하고, 수행이 필요한 경우 승인 절차를 밟아 한시적으로만 사용하게 할 수 있다. 침입탐지도구(Snort)를 이용하면 특정 파일에 접근하는 행위, 연속적인 로그인 실패와 같은 이상 행위를 차단 또는 로깅할 수 있다. Snort의 경우 오픈 소스 기반 침입탐지도구로 실기 시험에 단골로 출제되므로 철저한 학습이 필요하다. 또한 화이트리스트 whitelist 방식으로 허용된 프로세스만 실행되도록 제한하는 솔루션을 활용하면 악의적인 프로세스의 실행을 차단할 수 있다.

정보보안에 있어 "이 정도면 충분 하겠지?"는 상당히 위험한 생각이다. 아무리 많은 돈을 들여 보안 통제를 적용했더라도, 공격 기법은 상상을 초월할 정도로 진화하고 있다. 운영 과정에서 실수 또는 고의로 보안 통제 설정이 변경되는 등 취약점에 노출될 가능성은 얼마든지 있다. 따라서 취약점 및 위협 동향을 실시간으로 수집해서 보완 조치를 하고, 시스템의 보안 설정이 제대로 되어 있는지, 취약점은 제대로 조치되어 있는지를 지속적으로 점검하는 활동을 꾸준히 해야 한다.

세 번째, 네트워크 보안 이해하기

네트워크 보안 과목은 1) 네트워크 일반, 2) 네트워크 기반 공격 기술의 이해 및 대응, 3) 대응 기술 및 응용, 4) 최신 네트워크 동향으로 구성되어 있다. 정보를 전달하는 역할을 수행하는 네트워크는 전송을 처리하는 인프라(장비, 망), 송신자와 수신자간 전달 규칙(프로토콜), NW 관리 시스템을 핵심 자산으로 분류할 수 있다.

▷ 네트워크 보안 개념도

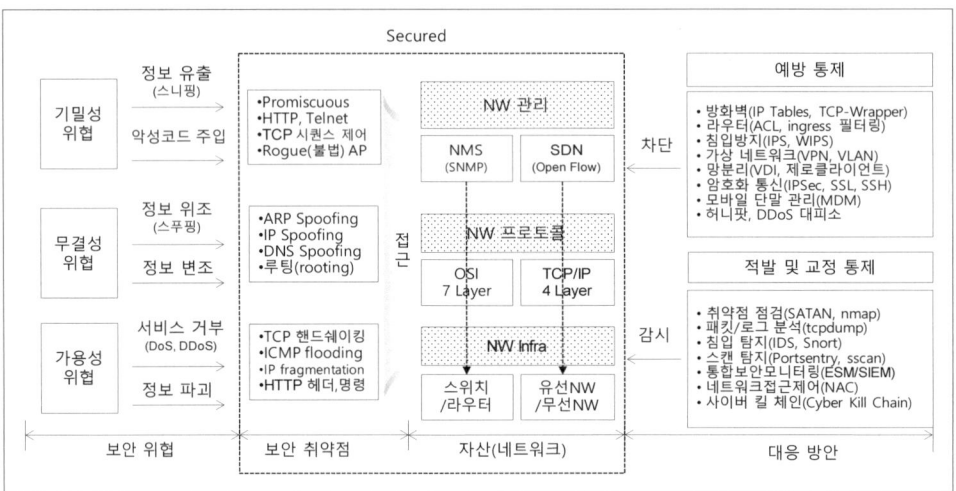

우선 네트워크 인프라를 이루는 장비에 대한 이해가 필요하다. 스위치의 경우 과거의 허브가 발전된 형태이다. 허브는 공유Shared가 주 목적으로 특정 포트로 유입된 패킷은 모든 포트로 브로드캐스팅되므로 병목 현상을 유발하고, 스니핑Sniffing에 취약한 단점이 있다. 반면 스위치는 전용Dedicated 방식으로 동작하므로 속도, 효율, 보안 측면에서 허브에 비하여 향상되었으며, OSI 7 Layer의 계층별(L2, L3, L4~L7)로 스위치를 구성함으로써 로드밸런싱, 패킷 필터링과 같은 다양한 기능을 처리할 수 있다. 라우터의 경우 3계층(네트워크)에서 동작하는 장비로 라우팅 프로토콜(RIP, OSPF, BGP)을 통하여 송신자와 수신자간 최적의 전달 경로를 설정하는 역할을 수행한다.

장비 관점에서는 시스템 보안에서 언급했던 특권 계정 관리, 주기적 취약점 점검 및 패치 적용이 기본적으로 수행되어야 한다. 허브를 사용하는 환경에서는 허브의 모든 포트로 패킷이 브로드캐스팅되는데, 통상적으로는 브로드캐스팅된 패킷을 전달받은 시스템(클라이언트, 서버)은 자신에게 온 패킷이 아니면 버린다. 그러나 시스템의 NIC_{Network Interface Card}가 Promiscuous 모드로 동작하도록 설정되면 버리지 않고 받아볼 수 있어 스니핑 도구를 통한 패킷 도청이 가능하게 된다. 이 경우 예방 통제 관점에서는 패킷 암호화, 적발 통제 관점에서는 스니퍼가 존재하는지 여부를 탐지하는 활동이 필요하다. 참고로, 스위치를 사용하는 경우도 스위치의 MAC 주소 테이블 버퍼를 오버플로우시키는 스위치 재밍 공격을 하면 Fail Open 정책에 따라 스위치가 아닌 허브 모드(브로드캐스팅)로 동작하게 되어 도청이 가능하게 된다.

망 관점에서는 무선 네트워크의 사용이 증가하면서 불법_{Rogue} AP_{Access Point}를 설치하여 클라이언트의 접속을 유도한 후 스니핑을 시도하거나, 비인가 클라이언트에서 사내 AP에 접속하여 중요 시스템에 접근 가능한 리스크가 있다. 이에 대하여 WIPS_{Wireless Intrusion Protection System}를 설치하여 사내 클라이언트가 불법 AP로 접속되지 못하도록 차단하거나, 인가받은 클라이언트만 사내 AP에 접속하도록 통제할 수 있다. WIPS가 구축이 안 된 경우는 AP의 SSID 브로드캐스팅 금지, MAC 인증, 취약한 WEP_{Wired Equivalent Privacy} 알고리즘 기반 인증 및 암호화가 아닌 WPA_{Wifi Protected Access} 표준에서 규정한 AES_{Advanced Encryption Standard} 알고리즘 적용 등을 고려해야 한다.

두 번째로 NW 프로토콜 관점에서는 OSI 7 Layer의 계층별 프로토콜의 특성을 악용하는 위협에 대한 대응이 필요하다.

기밀성(정보 유출) 위협 측면에서는 암호화 기능이 없는 Telnet(포트 23)이나 HTTP(포트 80) 프로토콜을 사용하여 통신을 하는 경우 스니핑 도구로 전송 구간의 데이터를 도청하여 중요 데이터가 그대로 노출될 수 있는 리스크가 있다.

클라이언트에서 입력하는 ID, 패스워드, 송수신 데이터의 내용이 모두 평문으로 전송되므로, 암호화 기능이 있는 SSH(포트 22), HTTPS(포트 443) 프로토콜을 사용해야 한다. 네트워크 계층 프로토콜인 IP의 경우 IPSec 보안 프로토콜(AH, ESP)을 이용하면 송신자 인증, 패킷 암호화 및 무결성 보장이 가능하다. 전송 계층 프로토콜인 TCP의 경우 신뢰성 있는 통신을 위하여 통신을 수행하기 전 3 way handshaking을 통해 송수신자간 세션을 맺고, 상호 순서_{Sequence} 번호를 동기화하며 데이터를 교환한다. 그러나 평문으로 통신하는 경우에는 순서 번호가 그대로 노출되므로, 공격자는 순서 번호를 획득하여 서버와의 세션을 다시 맺는 세션 하이재킹 공격을 시도할 수 있다. 이렇게 되면 이미 인증을 통과한 상태이므로, 추가적인 인증 없이 공격자는 정상적인 클라이언트와 주고받던 데이터를 그대로 볼 수 있게 된다. 따라서 암호화 통신 프로토콜을 사용하여 순서 번호 유추를 어렵게 해야 하며, 침입탐지시스템을 통해 비정상적인 RST(Reset) 요청이나, 패킷의 재전송 등이 발생하는지에 대한 모니터링을 수행해야 한다.

무결성(정보 위변조) 위협 측면에서는 MAC, IP, DNS 주소를 위변조하여 정상적인 주소인 것처럼 속이는 스푸핑 공격이 있다.

ARP(Address Resolution Protocol)는 특정 IP 주소를 가진 호스트의 물리적인 주소(NIC의 MAC 주소)를 확인하기 위한 프로토콜인데, 공격자가 가짜 시스템에서 ARP reply 패킷을 보내 송신자에게 위조된 MAC 주소를 알려주는 ARP 스푸핑 공격을 시도할 수 있다. 이렇게 되면 송신자가 전송하는 패킷은 공격자의 가짜 시스템을 경유해서 전달되므로 정보가 도청될 뿐만 아니라 악성코드 등의 주입을 통하여 2차 공격으로 이어질 수 있다. 따라서 중요 시스템의 경우는 ARP 테이블의 관리 옵션을 Dynamic이 아닌 Static으로 변경하여 위조된 MAC 주소가 업데이트되지 않도록 보안을 강화해야 한다.

IP 스푸핑은 공격자의 IP 주소를 공격 대상 서버와 신뢰 관계를 가진 시스템의 IP 주소로 위조하여 공격 대상 서버에 접속한 후 악의적인 행위(정보 유출 및 위변조)를 시도하는 공격이다. 사전에 위조 대상 IP를 가진 시스템(A)이 공격 대상 서버(B)와 통신을 수행하고 있는 경우는, 서비스 거부 공격(TCP Syn Flooding 등)으로 시스템(A)을 연결 불능 상태로 만들고 공격하게 된다. 이에 대한 대응 방법으로는 외부에서 들어오는 패킷의 출발지 주소가 내부망 IP 주소로 위조된 경우 라우터에서 필터링(Ingress filtering)을 하도록 하고, 인증을 거치지 않는 서비스(rlogin)는 사용하지 말고, 신뢰 관계는 가급적 사용하지 않도록 해야 한다.

DNS 스푸핑은 가짜 DNS response 패킷을 정상적인 DNS 서버에서 보내는 응답보다 먼저 보내어 잘못된 IP 주소로 웹 접속을 유도하는 공격이다. UDP를 사용하는 DNS는 비연결지향형이므로 세션이 존재하지 않으며, 먼저 도착한 공격 패킷을 받아들이고 다음에 도착한 정상 패킷을 버리게 되는 것이다. 이에 대한 대응 방법으로 시스템 내의 hosts 파일에 중요 도메인의 IP를 등록해 놓으면 DNS 질의를 하지 않고 hosts 파일 내 기술된 정보를 먼저 참조하게 되어 스푸핑을 예방할 수 있다. 그러나 거꾸로 공격자가 해당 파일을 변조할 수 있으므로, 쓰기 권한을 제거하는 것이 좋다. 추가적으로, DNSSEC DNS Security Extensions를 이용하면 DNS 응답이 위변조되었는지 여부를 검증할 수 있다.

가용성(서비스 거부) 위협 측면에서는 TCP, IP, HTTP 프로토콜의 특성을 이용하여 다량의 비정상적인 패킷을 공격 대상 서버로 보내어 서비스를 마비시키는 DoS/DDoS 공격이 있다.

TCP 프로토콜의 3 way handshaking 과정의 취약점을 이용하여 다수의 TCP Syn 요청(1 way)을 공격 대상 서버에 보내면 서버는 Syn/Ack 응답(2 way)을 한 후 메모리 내의 TCP 연결 테이블에 Entry를 생성한 후 최종 Ack 신호(3 way)를 일정 시간 대기하게 된다. 그러는 사이 다수의 TCP Syn 요청이 추가로 들어오면 결국 TCP 연결 테이블은 Full이 나게 되고 이후에는 정상적인 연결 요청도 거부된다. 대응 방법은 연결 테이블의 큐 사이즈 늘리기, Ack 대기 시간 짧게 하기, 침입탐지시스템IDS 및 침입방지시스템IPS을 통한 비정상 연결 필터링하기, Syn Cookie를 이용하여 인증하기 등이 있다. 참고로 SCTPStream Control Transmission Protocol의 경우 4 way handshaking을 통하여 연결 요청에 대하여 Cookie 기반으로 인증하는 단계가 추가되어 TCP Syn blind attack에 대응이 가능하다.

서비스 거부 공격에 IP 프로토콜은 다양한 형태로 이용이 된다. 공격 대상 서버의 IP 주소로 Spoofing한 ICMP echo 메시지를 브로드캐스트로 다수의 시스템에 전송하면, 다수의 시스템은 ICMP reply를 공격 대상 서버로 전송하여 시스템을 마비시키는 Smurf 공격이 가능하다. 이 경우 브로드캐스트 주소로 전송된 ICMP 패킷에 응답하지 않도록 호스트를 설정하는 방법으로 대응이 가능하다. 또한 ping 명령을 내릴 때 ICMP 패킷을 정상 크기(64KB)보다 아주 크게 만들어 보내면 Path MTU discovery 과정을 통해 해당 전송 경로상에서 가장 작은 MTUMaximum Transmission Unit 사이즈에 맞춰 패킷이 잘게 쪼개지는데, 이렇게 조각난 패킷을 모두 처리하기 위한 부하 증가를 유도하는 Ping of Death 공격이 있다. 이에 대한 대책은 내부 네트워크로 들어오는 ICMP 프로토콜을 차단하는 방법이 있다. 이 밖에 IP 단편화시 재조립하기 위한 offset 값을 비정상 값으로 조작하여 오버플로우를 일으키게 하는 Teardrop 공격 등이 있다. 이 경우 해당 취약점에 대한 보안 패치 적용으로 대응 가능하다.

서비스 거부 공격에는 HTTP 프로토콜도 이용된다. HTTP Get 메시지를 무한대로 전송하는 HTTP Get Flooding, HTTP 헤더의 캐시 옵션을 무력화하여 부하를 발생시키는 Cache Control 공격, HTTP 헤더 부분을 비정상적으로 조작하여 웹 서버가 헤더 정보를 해석하기 위해 장시간 대기하도록 만드는 Slow HTTP Header DoS(Slowloris) 공격, TCP 윈도우 크기를 감소시킨 후 HTTP 메시지를 전송하여 웹 서버가 TCP 연결이 정상화되기 전까지 대기 상태에 빠지게 만드는 Slow HTTP Read DoS 공격 등 다양한 유형으로 진화하고 있다.

마지막으로 네트워크 관리 관점에서는 NMS Network Management System에서 사용하는 SNMP Simple Network Management Protocol에 대한 이해가 필요하다. 각 장비에 설치되어 있는 Agent에 요청하여 장비의 상태 정보를 수집하는 폴링(161번 포트), 각 장비에 특정 이벤트 발생시 Agent가 관리 시스템에 통지하는 트랩(162번 포트) 방식으로 구분이 된다. 보안 측면에서는 관리 시스템이 Agent에 정보를 요청할 때 사용하는 패스워드인 커뮤니티 스트링 값에 대한 보호가 필요하다. SNMP v2까지는 커뮤니티 스트링이 평문으로 전송되어 Default 값인 public/private을 변경하더라도 스니핑을 통해 유출되는 취약점이 있었으나 SNMP v3에서는 암호화/인증/무결성 보장 기능을 제공하도록 강화되었다.

네트워크 보안의 경우도 일회성 조치가 아니라 보안 표준 설정 및 취약점 조치 여부를 지속적으로 점검하는 활동을 수행해야 한다. 조직의 보안 통제 수준은 아무리 두꺼운 통제의 벽으로 둘리싸디라도 작은 구멍 하나에 의해 허물어진다. 지금도 보안 위협은 계속 진화하고 있다. 보안은 "이 정도면 충분하겠지?"가 통하지 않는다는 점을 잊지 말도록 하자.

네 번째, 애플리케이션 보안 이해하기

애플리케이션 보안 과목은 1) 인터넷 응용 보안, 2) 전자상거래 보안, 3) 기타 애플리케이션 보안 기술로 구성되어 있다. 사용자와의 인터페이스를 통하여 업무를 처리하는 애플리케이션은 인터넷을 기반으로 하는 핵심 응용(FTP, 메일, 웹, DNS, DB), 지급 결제를 수반하는 전자상거래(지불 시스템, 보안 프로토콜(SET)), 기타 보안 응용(SSO, DRM, 포렌식, 클라우드)을 핵심 자산으로 분류할 수 있다.

▶ 애플리케이션 보안 개념도

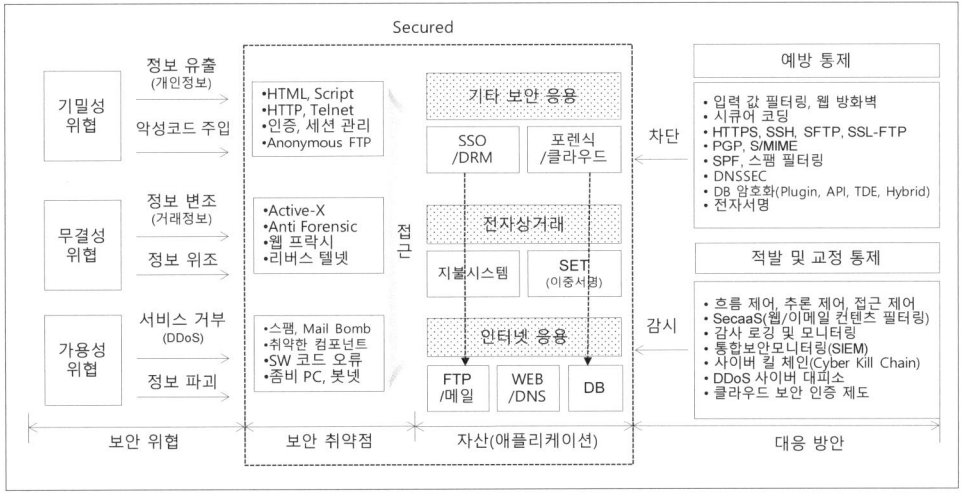

먼저 인터넷을 기반으로 하는 핵심 응용(FTP, 이메일, 웹, DNS, DB)에 대한 보안 위협과 대응 방안을 살펴보자.

FTP는 호스트와 호스트간 파일을 전송하기 위한 표준 프로토콜로, 제어 정보를 전송하기 위한 연결(포트 21번)과 데이터를 전송하기 위한 연결(포트 20번)로 분리되어 있다. 일반적인 FTP는 인증 시 사용자명과 패스워드가 평문으로 전송되므로, 스니핑 도구를 이용하여 계정 정보가 노출될 리스크가 있으므로, SSL-FTP나 SFTP와 같이 암호화를 지원하는 프로토콜을 사용해야 한다. 또한 계정과 패스워드를 요구하지 않는 Anonymous FTP의 경우 익명 사용자에 의해 서버 내 중요 파일이 변경되거나 악성코드 생성이 되지 않도록 주요 디렉토리에 대한 소유자와 권한을 제한해야 한다. 특히 특권을 가진 root 계정이 직접 ftp 접속이 되지 않도록 ftpusers 파일에 root 계정을 추가하여 root 계정의 직접 접속을 차단하도록 해야 한다.

이메일 관련 프로토콜은 송신자와 수신자의 메일 서버간 메일을 전달하기 위한 SMTP(포트 25번)와 수신자 메일 클라이언트에서 메일 서버로부터 메시지를 가져오기 위한 POP3(포트 110번, PC로 가져온 후 서버에선 기본적으로 삭제됨), IMAP4(포트 143번, PC로 가져오지 않고 중앙 서버에서 관리됨)이 있다. 이메일 관련 대표적인 보안 위협으로 스팸 메일이 있으며, 대응 방안으로는 콘텐츠 필터링, 송신자 필터링, SPF Sender Policy Framework 등이 있다. SPF는 메일 헤더에 포함된 발송 IP가 실제로 메일을 발송한 서버의 IP와 일치하는지를 DNS 질의를 통하여 비교하여 발송자 정보가 위변조되었는지 여부를 검사할 수 있는 기술이다. 최근에는 스팸 메일보다는 메일 내에 악성코드를 첨부하여 발송하는 피싱 공격이 증가하고 있는데, 메일 게이트웨이 gateway에 설치된 Anti Virus 솔루션을 통하여 악성코드가 포함된 메일을 차단할 수 있다. 클라우드 서비스로 제공되는 메일 필터링 솔루션도 사용이 증가하고 있다.

웹의 경우 최근 쇼핑몰, 인터넷 뱅킹, 포탈, 뉴스, 공공 민원 서비스 등의 활용이 증가하면서 보안 위협도 증가하고 있다. 웹에 대한 보안 위협은 1) 웹 서버 자체의 취약점, 2) 웹 애플리케이션의 취약점에 대한 것으로 구분할 수 있다. 우선 웹 서버의 경우 Default 설정 값(디렉터리 리스팅, 기본 오류 메시지 사용, 관리자 페이지 접근 허용)을 변경하지 않거나 취약한 모듈을 사용하는 경우 보안 위협의 대상이 된다. 특히 웹 서버 자체 관리자 페이지의 경우 외부에서는 접속이 되지 않도록 IP 기반 접근 통제가 필요하며, 기본 패스워드도 반드시 변경해야 한다. 웹 애플리케이션의 경우 취약한 소스 코드 또는 컴포넌트를 사용하는 경우 보안 위협의 타겟이 되며, OWASP Open Web Application Security Project라는 개방형 커뮤니티에서 3년마다 한번씩 발표하는 웹 애플리케이션 10대 취약점에 대해서는 잘 이해하고 있어야 한다. 또한 웹 애플리케이션 개발 시 웹 취약점에 대응할 수 있는 코드를 적용할 수 있도록 개발 프로세스상에 시큐어코딩 가이드 라인을 마련해야 하며, 취약점 점검 툴과 개발 프로세스를 연동하여 개발자 실수에 의하여 취약한 코드가 이행되는 것을 예방할 수 있는 통제가 고려되어야 한다.

인터넷 뱅킹과 같이 자금의 이동이 수반되는 서비스의 경우 비대면 거래의 특성상 사용자가 입력하는 계정, 비밀번호, 인증서 등에 의존하여 본인 확인이 이루어지기 때문에, 보이스 피싱 등을 통하여 본인 확인을 위한 정보를 탈취하여 비인가 거래를 시도하는 공격이 많이 발생하고 있다. 이에 대하여 금융 회사는 FDS Fraud Detection System를 도입하여, 거래를 하는 당사자의 접속 매체 정보, 위치, 거래 패턴을 분석하여 정상적인 사용자와 다른 이상 행위로 판별되면 거래를 차단하거나, 추가 인증을 요구하는 방법으로 보안을 강화하고 있다.

▷ OWASP Top 10 취약점 (출처: www.owasp.org, CC-BY-SA)

OWASP Top 10 - 2013		OWASP Top 10 - 2017
A1 - 인젝션	→	A1:2017 - 인젝션
A2 - 취약한 인증과 세션 관리	→	A2:2017 - 취약한 인증
A3 - 크로스 사이트 스크립팅(XSS)	↘	A3:2017 - 민감한 데이터 노출
A4 - 안전하지 않은 직접 객체 참조 [A7 항목과 병합됨]	U	A4:2017 - XML 외부 객체(XXE) [신규]
A5 - 잘못된 보안 구성	↘	A5:2017 - 취약한 접근 통제 [합침]
A6 - 민감한 데이터 노출	↗	A6:2017 - 잘못된 보안 구성
A7 - 기능 수준의 접근 통제 누락 [A4 항목과 병합됨]	U	A7:2017 - 크로스 사이트 스크립팅(XSS)
A8 - 크로스 사이트 요청 변조(CSRF)	X	A8:2017 - 안전하지 않은 역직렬화 [신규, 커뮤니티]
A9 - 알려진 취약점이 있는 구성요소 사용	→	A9:2017 - 알려진 취약점이 있는 구성요소 사용
A10 - 검증되지 않은 리다이렉트 및 포워드	X	A10:2017 - 불충분한 로깅 및 모니터링 [신규, 커뮤니티]

DNS의 경우 네트워크 보안에서 설명을 했으므로, 추가 설명은 생략토록 한다.

DB의 경우 중요 데이터가 보관되어 있는 핵심 자산이므로 특히 보안에 유의해야 한다. DB 보안 제어는 크게 흐름 제어, 추론 제어, 접근 제어로 구분된다. 흐름 제어는 객체 A의 값을 읽어 객체 B에 기록하는 정보의 흐름이 발생할 때 명시적 혹은 암시적으로 보다 낮은 보호 수준의 객체로 이동하는 것을 검사하여 객체 간의 정보 흐름을 조정하는 것이다. 추론 제어는 사용자가 읽은 객체 A 값이 B=f(A)와 같이 특정 함수의 인자로 입력되어 B 값을 얻기 위해 사용되는 경우 추론이 발생하는데, 이와 같이 추론을 통한 간접적인 데이터 노출로부터 데이터를 보호하기 위한 통제이다. 추론에 의한 비인가된 정보 노출을 방지하기 위해서는 데이터베이스 설계 시 DB 구조 및 접근 제어 방식을 추론이 불가하도록 변경하거나, 데이터베이스 운영 중 쿼리 처리 시 추론 채널을 탐지하여 쿼리를 거부하거나 변경하는 방법이 있다. 접근 제어는 객체(DB, 테이블, 필드, 레코드)에 대하여 '최소한의 원칙'Need to Know에 따라 권한을 관리하는 것을 말한다. 접근 제어는 대상 테이블을 직접적으로 관리하거나 가상 테이블(뷰)을 사용하여 관리할 수 있다. 접근 제어의 경우 사용자 접속 IP, 계정, 쿼리에 대하여 권한을 제어하고 사후 추적을 위한 로깅을 남기는 것이 중요하며, 이를 위한 전용 솔루션의 도입이 필요하다. DB 접근 제어 구성 방법은 게이트웨이 방식(프락시, 인라인), 스니핑 방식, 에이전트 방식, 하이브리드 방식 등이 있으며, 조직의 환경에 따라 적절한 방식을 선택하여 구성하도록 한다.

특히 DBMS를 초기 도입할 때에는 디폴트 계정의 패스워드를 반드시 변경해야 하며, 패스워드는 복잡도 규칙을 적용하여 쉽게 유추되지 않도록 해야 한다. 또한 운영 과정에서는 퇴사자, 부서 이동자가 사용하던 계정은 반드시 삭제하고, 제품의 취약점이 발표되는 경우 적시에 적용할 수 있는 절차를 마련해야 한다.

최근에는 개인정보보호법 등 법규에서 주민등록번호와 같은 고유식별번호는 필수적으로 암호화하도록 하고 있어 Plug-in 방식, API 방식, TDE 방식, 파일 암호화 방식, Hybrid 방식 등과 같은 다양한 암호화 방법을 조직의 환경을 고려하여 선택 후 적용해야 한다.

다음으로는, 지급 결제를 수반하는 전자상거래 응용에 대한 보안을 살펴보도록 하자. 직접 대면하지 않고 수행하는 전자상거래의 특성상 구매자 및 판매자 위장, 거래 사실에 대한 부인, 메시지 위조, 거래 정보 노출 등과 같은 위협에 대한 대책이 필요하다. 전자상거래의 핵심 수단인 전자지불 시스템은 고객, 상점, 은행, 인증 기관으로 구성되어 있다. 지불 수단으로는 계좌 이체, 신용카드, 모바일(앱, QR 코드, NFC, USIM), 전자 화폐 등이 있다. 그 동안 기출 문제에서는 신용카드를 이용한 상품 구매 시 안전한 대금 결제를 위해 비자 카드, 마스터 카드가 공동 개발한 SET Secure Electronic Transaction의 핵심 기술(전자 봉투, 이중 서명)이 많이 출제되었다. 최근에는 모바일 지급 결제가 활성화되고 있어, QR 코드 기반 결제, 앱 기반 결제, 결제시 사용되는 생체 인증 기술(각종 생체 인식 수단, FIDO Fast Identity Online 규격)에 대한 학습이 추가로 필요하다. 비트코인과 같은 가상 화폐의 기반 기술인 블록 체인도 활용이 증가하고 있으므로 역시 학습이 필요하다.

마지막으로, 기타 보안 응용을 살펴보자. SSO Single Sign On은 한 번의 인증으로 복수 개의 서비스에 추가 인증 없이 접근할 수 있는 기술이다. 대고객 서비스의 경우 토큰(쿠키)을 이용한 인증 정보 전달 방식, 내부 서비스의 경우 클라이언트에 설치된 Agent를 통한 인증 대행 방식을 주로 사용한다. 인증 이후 접근 제어를 관리하기 위한 기술로 EAM Extranet Access Management, 접근 제어를 자동화하기 위한 IAM Identity Access Management이 등장하였다. DRM Digital Right Management의 경우 Corporate DRM(기업 내부의 컨텐츠 보안)과 Commercial DRM(상업용 컨텐츠 보안)으로 구분할 수 있다. 기본적으로 DRM은 특정 컨텐츠에 대하여 정당한 권한을 가진 사용자만 컨텐츠를 소비할 수 있도록 권한 및 과금 관리가 되며, 컨텐츠 유출 방지를 위한 암호화도 적용된다. 특히 기업 내부 컨텐츠의 경우 업무 상 외부로 전송이 필요한 경우에는 DRM 암호화가 해제되므로, 비인가 정보 유출을 탐지하기 위한 DLP(Data Loss Prevention)와 연계되어 적용되어야 한다.

또한, 최근 클라우드 서비스의 활용이 증가하면서 클라우드 환경 및 이에 따른 보안 이슈에 대한 이해가 필요하다. 클라우드 서비스는 물리적으로 공유되어 있는 리소스를 가상화 기술에 의하여 이용자별로 논리적으로 격리하고 있기 때문에 가상화 환경의 취약점을 노리는 위협에 대한 철저한 대비가 필요하다. 특히, 하이퍼바이저와 같은 가상 머신 모니터 모듈의 경우 취약한 버전은 즉시 패치하거나 보완 통제를 적용해야 한다.

컴퓨터를 매개로 한 범죄가 증가하면서, 범행 입증에 필요한 디지털 증거를 수집하고 침입자 신원, 피해 내용, 침입 경로를 파악하기 위한 디지털 포렌식의 중요성이 갈수록 증가하고 있다. 포렌식은 분석 대상에 따라 디스크 포렌식, 시스템 포렌식, 네트워크 포렌식, 인터넷 포렌식, 모바일 포렌식 등으로 분류할 수 있으며, 법적 효력을 가지기 위하여 포렌식 과정에서 정당성, 재현성, 신속성, 연계 보관성, 무결성의 기본 원칙을 준수해야 한다. 반면, 포렌식을 방해하기 위하여 디스크에서 정보를 완전 삭제하거나 파일을 암호화하거나 로그 파일을 삭제하는 등의 안티 포렌식 기법도 지능화되고 있다.

다섯 번째, 정보보안 일반(요소 기술) 이해하기

정보보안 일반 과목은 1) 보안 요소 기술, 2) 암호학으로 구성되어 있다. 이는 시스템 보안, 네트워크 보안, 애플리케이션 보안에 사용되는 핵심 요소 기술로서 인증, 접근 제어, 암호화 기술로 세분할 수 있다.

각 요소 기술의 구성요소, 동작 원리 등의 이해를 통하여 보안 위협에 효과적으로 대응할 수 있는 적용 방법을 설계할 수 있어야 한다.

▷ 정보보안 요소 기술 구성 개념도

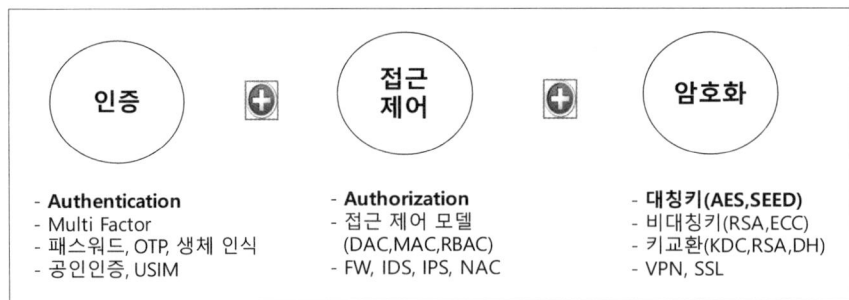

인증은 광의적인 측면에서 접근 제어(식별, 인증, 인가)를 구성하는 요소 중 하나이다. 식별 Identification은 정보에 접근하는 주체의 신원을 밝히는 것을 말하며, 사용자명 또는 아이디를 예로 들 수 있다. 인증Authentication은 해당 정보 주체의 신원이 맞다는 것을 검증하는 것으로, 패스워드, 토큰(OTP), 생체 인증 등을 예로 들 수 있다.

인증은 크게 메시지 인증, 사용자 인증, 디바이스 인증으로 구분할 수 있다. 메시지 인증은 수신자가 받은 메시지(데이터)가 송신자가 전송한 메시지와 일치하는지 여부를 검증하는 기능이다. 즉, 전송 과정에서 제3자에 의하여 데이터가 수정, 삽입, 삭제 또는 재전송되는 공격을 방어하기 위해 필요한 기능이다. 메시지 인증 방식은 메시지 암호화, MACMessage Authentication Code, 해시 함수 등이 있다.

사용자 인증은 정보시스템(서비스)에 접근하는 사용자가 정당한 가입자인지 여부를 검증하는 기능으로 크게 아래와 같이 3가지 유형으로 분류할 수 있다.

유형	속성	사례
Type 1	Something You Know(지식 기반)	PIN, Password …
Type 2	Something You Have(소유 기반)	스마트 카드, 토큰(OTP), 신분증 …
Type 3	Something You Are(개체 특성 기반)	지문, 얼굴, 홍채, 정맥, 음성, 서명 …

지식 기반 인증은 사용자가 알고 있는 정보에 의존하는 기법으로 쉽게 구현이 가능하므로 관리 비용이 저렴하고 다양한 분야에서 사용 가능한 장점이 있다. 반면 사용자가 인증 정보를 잃어버릴 수 있고, 공격자에 의해 추론이 가능하다. 특히 보이스 피싱과 같은 사회공학적 공격 기법에 의하여 쉽게 탈취될 수 있다는 단점이 있다.

소유 기반 인증은 사용자가 소지하고 있는 다양한 매체를 인증 수단으로 사용하는 기법으로, 비교적 저렴한 비용으로 신뢰성 있는 인증이 가능한 장점이 있다. 반면 인증 매체를 항상 소지하고 다녀야 하며, 복제가 가능하고, 매체 관리를 위한 장치 유지 및 손실, 도난 등에 대한 관리가 필요한 단점이 있다. 따라서 단독으로 사용되기 보다는 지식 기반 인증과 함께 사용된다. 대표적으로 시간 동기화 방식의 OTP(One Time Password) 토큰이 많이 사용되고 있으며, 최근에는 신용카드형 OTP, 모바일 OTP 등과 같이 휴대성과 편의성이 개선된 형태로 사용이 확산되고 있다.

개체 특성 기반 인증은 사용자의 생물학적 특성(생체적, 행동적)을 인증 수단으로 사용하는 기법으로 사용이 용이하고, 분실 및 도난이 불가하며, 위조가 어렵다는 장점이 있다. 반면 사용자의 생물학적 특성 정보는 매우 민감한 정보이므로 안전하게 관리가 필요하며, 오인식율FAR(False Acceptance Rate), 오거부율FRR(False Rejection Rate)을 최소로 하기 위하여 인증 센서의 민감도를 적절하게 설정(CER Cross-over Error Rate)해야 한다. 특히, 최근 스마트폰 기술의 진화와 더불어 생체 인증(지문, 얼굴, 홍채)의 활용이 증가되고 있으며, 생체 인증 수단으로 사용되기 위해서는 보편성, 유일성, 영속성, 획득성이 보장되어야 한다. 또한 FIDO Fast IDentity Online 인증 프레임워크가 FIDO 얼라이언스에 의하여 제안되어 온라인 환경에서 편리하고 신속한 생체 인증 적용이 가능하게 되었다. FIDO는 인증 기법과 인증 정보를 주고받기 위한 인증 프로토콜을 분리한 것이 핵심으로, 다양한 장치와 인증이 필요한 시스템을 보다 안전하고 손쉽게 연동할 수 있다. 즉, 생체 인증 센서를 개별 시스템마다 구축하지 않더라도 사용자의 모바일 디바이스(스마트폰 등)에 포함된 센서를 통해 인증을 하고 해당 인증 정보를 개별 시스템으로 전송하여 서비스를 이용하도록 하는 형태의 구현이 용이해졌다.

두 번째로, 접근 제어(통제)는 광의적인 측면에서는 식별, 인증, 인가를 모두 포괄하는 개념이며, 협의적인 측면에서는 식별 및 인증을 거쳐 사용자 검증이 완료된 주체에게 특정 서비스 또는 업무에 대한 접근을 허용하는 '인가'로 개념을 정의할 수 있다. 접근 제어는 직무 분리와 최소 권한이라는 기본 원칙하에 관리되어야 하며, 접근 제어 모델(DAC, MAC, RBAC)에 대한 기본적인 이해가 필요하다.

유형	설명	방법
DAC (임의적 접근 제어)	• 사용자나 사용자 그룹에 근거한 접근 제어 • 사용자 중심의 권한 정의 • ID 도용으로 인한 보안 취약점 존재(트로이 목마)	• Capability List: 사용자별로 접근 가능한 객체 및 객체에 대한 Action 정의 • Access Control List: 객체별 접근 가능한 사용자 목록
MAC (강제적 접근 제어)	• 객체별로 사용자가 갖는 권한을 근거로 객체 접근 제어 • 모든 객체는 정보의 비밀 수준에 근거하여 보안 레벨이 주어지고 허가된 사용자만 접근 • 성능 문제로 주로 군에서 사용	• 벨라파둘라(기밀성 중심): No read up, No write down(알려고도 하지 말고, 알려주려고도 하지 말라) • 비바(무결성 중심): No write up, No read down
RBAC (역할 기반 접근 제어)	• 사용자와 객체 상호 관계를 통제, 역할에 의한 접근 제어 • 사용자 역할 할당 후 접근 권한 부여 • 최소 권한 정책, 직무 분리, 계층적 역할 분리	• 중앙에서 관리 및 통제(Non-DAC) • 역할(Role)에 접근 권한 부여 • 사용자 직무 변경 시 인사 시스템과 연동되어 자동으로 권한 관리 가능(IAM)

임의적 접근 제어DAC(Discretionary Access Control)는 주체(사용자)의 신원(개인 또는 그룹)에 기반하여 접근을 허용하거나 거부하는 모델로, 주체가 임의적으로 특정 객체에 대한 접근 권한을 추가 또는 제거할 수 있다. 따라서 ID가 도용되거나 임의의 계정을 만들어 불법적인 접근이 이루어질 수 있는 보안 취약점이 존재한다.

강제적 접근 제어MAC(Mandatory Access Control)는 주체(사용자)가 임의로 접근 권한을 변경할 수 없으며 관리자에 의하여 설정된 규칙에 따라 강제적이고 자동적으로 접근을 제어하는 모델이다. 접근 규칙은 객체의 비밀 수준과 주체가 접근할 수 있는 권한에 따라 설정되고, 사용자들은 규칙에 대한 수정이 불가하므로 관리 부담이 큰 단점이 존재한다. 따라서 일반적인 시스템보다는 군과 같은 특수 목적용 시스템에 주로 사용된다.

역할 기반 접근 제어RBAC(Role Based Access Control)는 권한을 역할과 연결시키고 사용자에게는 역할을 할당함으로써 접근을 제어하는 DAC과 MAC의 단점을 모두 보완한 모델이다. 주체의 직무 변경이 잦은 조직에 적합하며, 인사 시스템과 연동하여 권한 관리의 자동화가 가능하기 때문에 최근에 많이 이용되고 있다.

접근 제어 모델을 활용하여 DB 접근 제어 시스템을 구축하는 경우 1) 에이전트 방식, 2) 게이트웨이 방식(프락시, 인라인), 3) 스니핑 방식이 있으며, 조직의 환경과 특성에 따라 적합한 방법을 선택한다.

마지막으로 암호화는 메시지의 의미가 파악되지 못하도록 원래 메시지와 다른 형태로 메시지를 코드화하는 방법을 의미한다. 암호화는 원문 메시지와 암호화 키를 입력 값으로 사용하여 암호화 알고리즘을 통하여 암호문을 출력하는 과정을 거치게 되며, 암호문의 보안 강도는 암호화 알고리즘과 암호화 키 관리에 달려 있다.

▷ 암호화 개념도

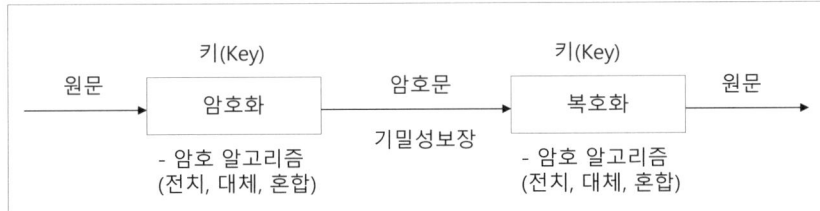

암호화 알고리즘의 기본이 되는 암호화의 원리는 아래와 같이 전치, 대체, 혼합, 대수화로 구분할 수 있다. 오늘날 암호화 기법은 혼합 방식을 사용한다. 암호화 키의 경우 키의 길이가 길수록, 키의 변경 주기가 짧을수록 보안 강도는 높아지며, 암호화 키를 안전하게 공유하고 보관하기 위한 키 자체에 대한 암호화, 접근 통제가 특히 매우 중요하다.

구분	설명	비고
전치	평문의 글자를 재배열하는 방법	원문과 암호화 키로 조합된 값을 암호문 전체에 분산
대체	글자끼리 매치시켜 놓은 표 이용	전통적 방법, 공격 당하기 쉬움
혼합	대체와 전치 두 방법 혼용	DES, SEED, ARIA 등 암호화 기법에서 사용
대수화	평문의 각 글자를 숫자로 바꿈	수학적 처리

암호화 기법은 몇 가지 기준에 따라 다음과 같이 분류할 수 있다.

① 키의 형태: 암/복호화 키가 동일한 대칭키(비밀키) 암호화(DES, SEED, AES, ARIA, HEIGHT), 암/복호화 키가 상이한 비대칭키(공개키) 암호화(RSA, ECC)

② 정보 단위: 한번에 1비트 또는 1바이트의 데이터 스트림을 처리하는 스트림 암호화(RC4, WEP), 블록을 한번에 처리하는 블록 암호화(DES, SEED, AES, ARIA)

③) 암호화 방향: 암호화와 복호화가 모두 가능한 양방향 암호화(SEED, RSA 등), 암호화는 가능하나 복호화가 불가능한 일방향 암호화(해시)

먼저 키의 형태에 따른 암호화 기법 중 대칭키 암호화의 경우 암/복호화 속도가 빠른 장점이 있어 주로 데이터를 암호화하는 용도로 사용되나, 송신자와 수신자가 암호화 키를 안전하게 공유하기 위한 키 교환 메커니즘이 별도로 필요한 단점이 있다. 반면 비대칭키 암호화의 경우 암호화 키와 복호화 키가 상이하므로 키 교환에 대한 이슈는 없으나, 암/복호화 속도가 느리므로 대칭키를 안전하게 교환하기 위한 키 암호화 용도로 주로 사용된다. 비대칭키 암호화에서 사용되는 개인키와 공개키를 생성함에 있어 신뢰성을 부여하기 위하여 PKI Public Key Infrastructure가 등장하였다. 즉, 국가에서 지정한 인증 기관 CA(Certificate Authority)을 통하여 개인키와 공개키 쌍으로 이루어진 인증서를 발급받음으로써 암복호화 키에 대한 신뢰성을 부여받은 것이다. 키 교환 방식으로는 비대칭키 암호화 외에도 키분배 센터를 이용한 방식과 Diffie-Hellman과 같이 실제로 키를 교환하는 것이 아니라 공유할 키를 쌍방이 계산을 통하여 만들어 내는 방식이 있다.

정보 단위에 따른 암호화 기법 중 스트림 암호화는 키와 데이터를 단순한 XOR 논리 연산을 기반으로 암호화를 수행함에 따라 보안에 취약하다. 블록 암호화의 경우 데이터를 64비트, 128비트와 같이 블록으로 나누고, 블록의 크기와 동일하거나 긴(192비트, 256비트) 길이의 암호화 키를 이용하여 여러 Round에 걸쳐 반복적인 암호화를 수행하므로 스트림 암호화 대비 보안성이 우수하다. 특히 블록 암호화의 경우 블록의 분할과 처리를 위한 다양한 운영 모드(ECB Electric CodeBook, CBC Cipher Block Chaining, CFB Cipher FeedBack, OFB Output FeedBack, CTR CounTeR)를 가지고 있다.

암호화 방향에 따른 암호화 기법 중 해시 알고리즘(MD5, SHA, RIPEMD)의 경우 암호화는 가능하나 복호화가 불가능한 특성을 활용하여 패스워드를 암호화하거나, 메시지의 무결성을 보장하는 용도로 사용된다.

그러나 이상과 같이 다양한 암호화 방식에 따라 암호화된 데이터라도 100% 안전성을 보장할 수는 없다. 공격자는 암호화된 데이터를 해독하기 위하여 다양한 암호 분석 기법(암호문 단독 공격, 기지 평문 공격, 선택 평문 공격, 선택 암호문 공격 등)을 사용하기 때문이다. 심지어는 암호화 연산에 소요되는 시간, 전자파의 세기 등을 측정하고, 통계적 분석을 통하여 암호문을 해독하려는 부채널 공격 기법도 사용되고 있다. 따라서 아무리 강력한 암호화 알고리즘을 사용하더라도, 암호화에 사용되는 키는 HSM(Hardware Security Module)과 같은 안전한 영역에 보관하고, 주기적으로 키를 갱신하는 등의 추가적인 통제가 필요하다.

여섯 번째, 정보보호 관리 이해하기

정보보호 관리 과목은 1) 정보보호 관리 이해, 2) 정보보호 거버넌스 체계 수립, 3) 정보보호 위험 평가, 4) 정보보호 대책 구현 및 운영, 5) 정보보호 인증 제도 이해로 구성되어 있다.

기술적, 물리적 보안 위협 및 보안 기법에 대한 이해를 기반으로 조직의 비즈니스 목적을 효과적으로 달성하기 위한 정보보호 거버넌스 체계(정보보호 전략, 정책, 조직, 절차)를 수립하고 운영해야 한다.

▷ 정보보호 관리 개념도

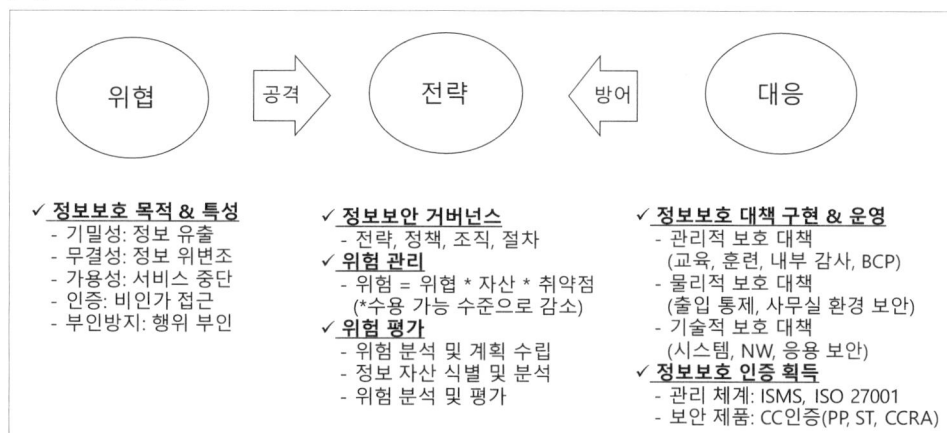

먼저 정보보호 관리 이해는 정보보호의 목적이자 특성인 3(기밀성, 무결성, 가용성) + 2(인증, 부인방지)로 시작된다. 기밀성, 무결성, 가용성은 보안 위협 및 대응 측면에서뿐만 아니라 정보보호 대상 자산의 중요도를 산정할 때에도 핵심이 되는 요소이다. 인증 및 부인방지는 기밀성, 무결성, 가용성 보장을 지원하는 추가적인 요소라고 볼 수 있다.

구분	설명	핵심 요소
기밀성 Confidentiality	• 내외부의 불법적 정보 유출 방지 • 해당 정보에 권한이 부여된 자만 접근 가능토록 보장	암호화, 접근 통제
무결성 Integrity	• 정보의 위변조 및 파괴를 예방하고 방지 • 원천 데이터나 정보가 정확하고 안전하게 유지되도록 보장	메시지 축약
가용성 Availability	• 해킹으로 인한 시스템 동작 불능 예방 • 인가된 사용자가 원하는 정보, 시스템에 적시에 접근 보장	보안 관제, 이중화
인증 Authentication	• 정보나 시스템에 접근하는 사용자가 정당함을 확인 • 알고 있는 것(비밀번호), 가지고 있는 것(OTP), 신체의 일부(지문)	PKI, 생체 인증
부인방지 Non-Repudiation	• 행위를 부인하는 것을 봉쇄	전자서명

정보보호 관리란 기업의 비즈니스 경쟁력의 핵심이 되는 조직과 고객의 정보 자산을 외부의 악의적인 해킹이나 내부의 불법적 정보 유출 시도로부터 보호하기 위한 관리적, 물리적, 기술적 대응 체계를 수립하고 운영하는 활동을 의미한다. 비즈니스 연속성을 보장하기 위한 정보보호 투자에 있어서는 최소의 투자로 최대의 효과를 거둘 수 있는 전략적인 접근이 필요하다. 즉, 모든 보안 위협 및 취약점에 대응하여 위험을 완전 제거하는 것은 불가능하므로, 위험의 발생 가능성 및 영향도를 분석하여 우선순위를 산정하고 위험을 수용 가능한 수준으로 완화시키는 전략적인 접근이 중요하다. 정보보호 사고가 발생하는 경우 고객 이탈, 규제 당국의 제재 및 벌금, 미디어 보도 등 기업 경영에 중대한 영향을 미칠 수 있으므로, 기업 경영의 연속성 측면에서 정보보호는 기업 경영의 한 축을 차지하는 중요한 요소로 관리되어야 한다.

두 번째로 정보보호 거버넌스는 정보보호에 대한 투자가 위험을 적절한 수준으로 감소시킬 수 있도록 효과적으로 이루어지고 있음을 보증하기 위한 리더십, 조직 구조, 프로세스를 의미한다.

통치, 지배의 의미를 가지고 있는 거버넌스는 경영 전략과 목적 달성을 위한 기업 거버넌스, IT의 전략과 기업 전략을 연계하는 IT 거버넌스, 정보를 기업의 중요한 자산으로 보호하기 위한 정보보호 거버넌스 등으로 확장되어 사용되고 있다.

특히 IT 거버넌스와 정보보호 거버넌스는 상호 밀접하게 연계되어, IT 거버넌스의 중점 관리 대상 도메인인 전략 연계, 자원 관리, 가치 창출, 위험 관리, 성과 관리는 정보보호 거버넌스 구현을 위한 요건으로 사용된다. 즉, IT의 목표와 정보보호 전략은 서로 연계되어야 하며, 이를 통해 정보보호 정책이 IT 프로세스에 반영되어 정보보호 성과를 극대화할 수 있게 된다.

참고로, 정보보호 정책Policy은 일반적인 보안의 역할을 기술 및 솔루션과 독립적으로 가장 상위 개념으로 정의한 규정이며, 강제적 규칙인 표준Standards, 유연성이 부여된 지침Guidelines, 상세한 작업을 설명한 절차Procedure로 구체화된다.

▷ 기업 거버넌스와 정보보호 거버넌스 관계

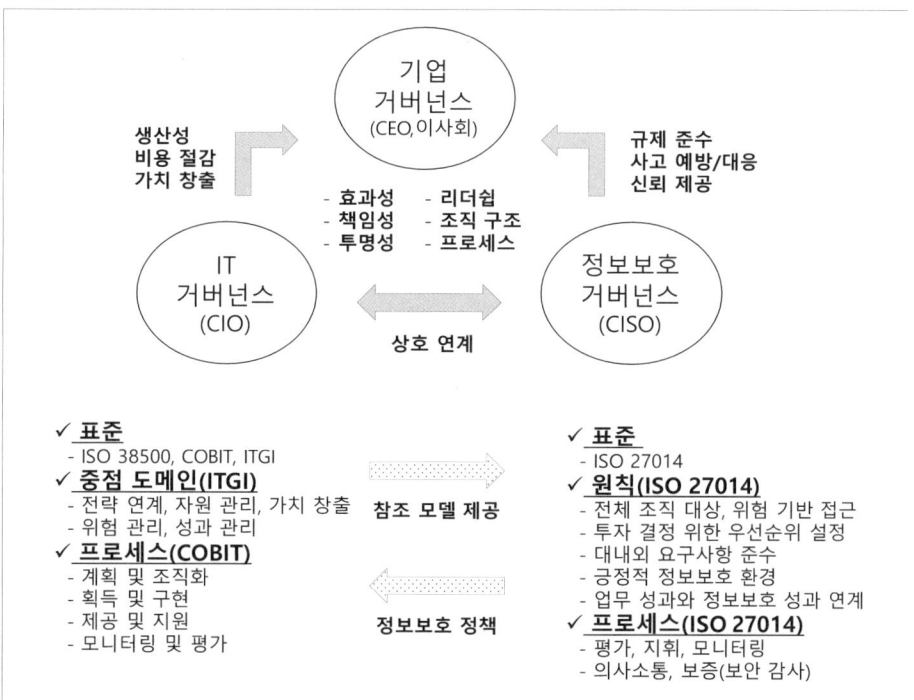

세 번째로 정보보호 위험 평가는 위험 관리에서 중요한 부분을 차지하는 위험 분석의 마지막 단계에서 수행되는 활동이다. 위험 관리는 조직 내 정보 자산을 보호하기 위한 통제 활동의 적절성을 분석하고 식별된 잔여 위험을 수용 가능한 수준으로 완화시키기 위한 대책을 수립하고, 사후 관리하는 일련의 과정을 반복하여 수행하는 활동이다. 즉, 위험 관리는 일회성으로 그치는 것이 아니라 조직 고유의 업무 수행에 부담을 주지 않는 선에서, 분기별 또는 반기별로 지속적으로 수행하는 것이 바람직하다.

위험 분석을 할 때에는 조직의 정보 자산을 식별하는 것이 선행되어야 하며, 해당 정보 자산의 중요도, 자산에 내재된 취약점과 보안 위협 수준을 고려하여 어떠한 통제도 적용되지 않았을 경우에 대한 총 리스크Gross Risk를 산정하고, 현재 적용되어 있는 보안 대책의 수준Control Gap을 고려하여 잔여 리스크Residual Risk를 산정한다. 잔여 리스크가 수용 가능한지 여부는 조직의 위험 수용 성향Risk Appetite에 따라 마련된 리스크 평가 매트릭스를 통해 결정할 수 있다. 리스크 평가 매트릭스는 리스크의 발생 가능성과 영향도에 따라 낮음Low, 중간Medium, 높음High으로 잔여 리스크 등급을 평가할 수 있도록 만든 기준이다. 이에 따라 산정된 잔여 리스크 등급에 따라 리스크를 수용할지 또는 추가적인 보안 대책을 적용할지를 결정하게 된다.

위험을 분석하기 위한 접근법은 1) 기준 접근법Baseline Approach, 2) 비정형화된 접근법Informal Approach, 3) 상세 위험 분석법Detailed Risk Analysis, 4) 통합된 접근법Combined Approach으로 구분할 수 있다. 소규모 조직의 경우 체크리스트 기반의 기준 접근법을, 중소 규모 조직의 경우는 전문가의 지식과 전문성을 활용한 비정형화된 접근법을, 대규모 조직의 경우는 정형화되고 구조화된 프로세스를 사용하는 상세 위험 분석법을 사용하는 것이 적합하다.

위험 분석 방법은 위험 분석 과정의 모든 요소를 금전적 가치와 숫자 값으로 정량화하여 평가하는 정량적 위험 분석 방법과 사람의 판단, 직관, 경험을 기반으로 정성적으로 평가하는 정성적 위험 분석 방법으로 구분할 수 있다. 정량적 위험 분석 방법에는 과거 자료 분석법, 수학 공식 접근법, 확률 분포법, 점수법이 있으며, 정성적 위험 분석 방법에는 델파이법, 시나리오법, 순위 결정법, 퍼지 행렬법 등이 있다.

위험 분석 및 평가 결과에 대한 처리 방법은 1) 위험 수용, 2) 위험 회피(프로세스, 시스템, 사업 포기), 3) 위험 전가(보험 활용), 4) 위험 감소(보완 통제 이행)로 구분할 수 있다.

네 번째로 정보보호 대책 구현 및 운영은 위험 평가 결과에 따라 위험 감소를 위한 보완 통제의 이행이 필요한 경우 관리적, 물리적, 기술적 측면의 보호 대책을 구현하고 운영하는 활동이다. 관리적 보호 대책은 내외부 인력 보안, 교육 및 훈련, 내부 감사, 침해 사고 예방/대응, 사업 영향 분석BIA(Business Impact Analysis) 결과에 따라 복구 전략을 수립하는 업무 연속성 관리BCP(Business Continuity Planning) 등이 있다. 물리적 보호 대책은 출입 통제, 개인 및 공용 환경 보안 등이 있다. 기술적 보호 대책은 시스템 및 SW 개발 보안, 서버/네트워크/DB/애플리케이션 보안, IT 시스템 및 정보보호 시스템 운영 보안 등이 있다.

마지막으로 정보보호 인증 제도 이해는 크게 정보보호 제품에 대한 인증과 정보보호관리 체계에 대한 인증으로 분류할 수 있다.

우선 정보보호 제품의 경우 과거 국가마다 서로 다른 정보보호 제품 평가 기준(ITSEC, TCSEC, K인증 등)을 연동하고 평가 결과를 상호 인증하기 위하여 CCCommon Criteria 인증이 제정되어 1999년 6월 국제 표준(ISO 15408)으로 승인되었다. CC 인증은 정보보호 제품 수출입에 소요되는 인증 비용 절감을 통하여 국제 유통을 촉진시킬 목적으로 제정되었으며, CC상호인정협정CCRA(CC Recognition Arrangement)을 맺은 국가간(현재 28개국)에는 평가/인증받은 제품에 대한 추가적인 평가를 거치지 않는다. CC 인증을 위하여 제품에 대한 보호 프로파일PP(Protection Profile), 보안 목표 명세서Security Target를 기반으로 평가 대상TOE(Target of Evaluation)에 대한 평가를 실시하고, 7개로 구분된 평가 보증 등급EAL: Evaluation Assurance Level을 부여한다. PP는 제품군(방화벽, IDS, VPN 등)별 공통 보안 요구사항을 정의한 문서로, EAL 등급별로 세분화하여 작성된다. ST는 특정 제품에 종속된 보안 요구사항을 벤더가 PP를 참조하여 직접 작성하여 배포하게 된다. 한국의 경우 CC 인증의 정책 기관은 과학기술정보통신부이며, 평가는 한국인터넷진흥원(KISA), 한국정보통신기술협회(TTA), 한국시스템보증(KoSyAs) 등 6개 기관이 담당하고, 인증서 발행은 국보연(국가보안기술연구소)의 IT보안인증사무국이 담당하고 있다. CC 인증의 유효 기간은 국내용은 3년, 국제용은 5년이다.

정보보호관리체계 인증은 국내 표준인 ISMSInformation Security Management System 인증과, 국제 표준인 ISO-27001 인증이 있다. 정보호호관리체계 인증은 기관 및 기업의 정보보호 활동이 체계적이고 지속적으로 이루어지는지를 심사하기 위한 목적으로 운영되고 있다. ISMS 인증의 경우 정보보호관리과정(5단계, 13개 통제 항목)과 정보보호대책(13개 분야, 92개 통제 항목)으로 구성된 104개의 통제 항목을 심사하여 관리 체계의 적정성을 판단하고 있다. ISMS 인증은 정보통신망법을 근거 법령으로 한국인터넷진흥원(KISA) 및 금융보안연구원(FSI)이 인증 기관으로, 한국정보통신기술협회(TTA), 한국정보통신진흥협회(KAIT)가 심사 기관으로 등록되어 있다. 그 동안 ISMS 인증 외에도 개인정보보호관리체계PIMS(Privacy Information Management System) 인증이 별도로 운영되고 있었으나, 지능화되고 고도화되는 침해 위협에 효과적으로 대응하고, 심사 항목이 유사하고 개별 운영에 따른 기업의 혼란 및 재정/인력상 부담을 경감하기 위하여 ISMS-P(정보보호 및 개인정보관리체계) 인증으로 2018년 11월 통합되었다.

ISMS-P 인증은 관리 체계 수립 및 운영(16개), 보호 대책 요구사항(64개), 개인정보 처리 단계별 요구사항(22개) 등 총 102개의 통제 항목으로 이루어져 있다.

▷ ISMS-P 통합 인증 기준(출처 : isms.kisa.or.kr)

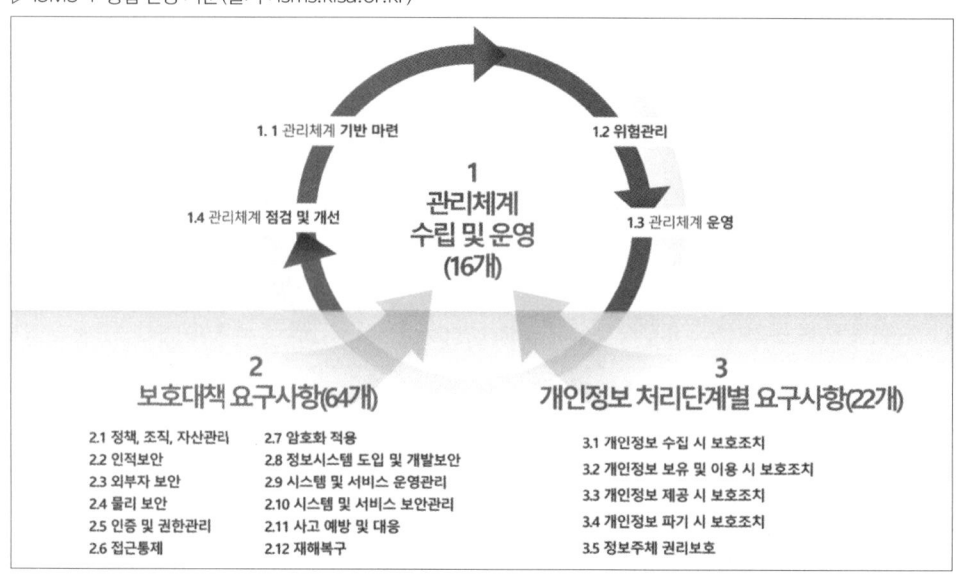

국제 표준인 ISO 27001 인증의 경우 ISMS 인증과 유사하며 14개 통제 영역, 35개 통제 목표, 114개 통제 항목으로 구성되어 있다. 우리나라에서는 한국인정지원센터(KAB)가 인증 기관으로, 한국품질보증원, 한국품질재단, 한국경영인증원이 심사 기관으로 등록되어 있다.

일곱 번째, 정보보호 관련 법규 이해하기

정보보호 관련 법규 과목은 1) 정보보호 및 개인정보보호법 체계, 2) 정보보호 관련 법제, 3) 개인정보보호 관련 법제로 구성되어 있다.

보안 위협 및 대응 트렌드의 변화를 반영하여 2019년 시행되는 13회 시험부터 출제 기준이 개정되면서 사이버 윤리, 클라우드컴퓨팅법, 전자정부법, 위치 정보 및 신용 정보보호 관련 법률 등이 추가되었다. 법령의 경우 정보보안 관련 중점 항목과 관련된 법 조문의 내용을 명확하게 숙지하고 있어야 한다(참조 사이트: law.go.kr).

▷ 정보보호 관련 법규 체계도

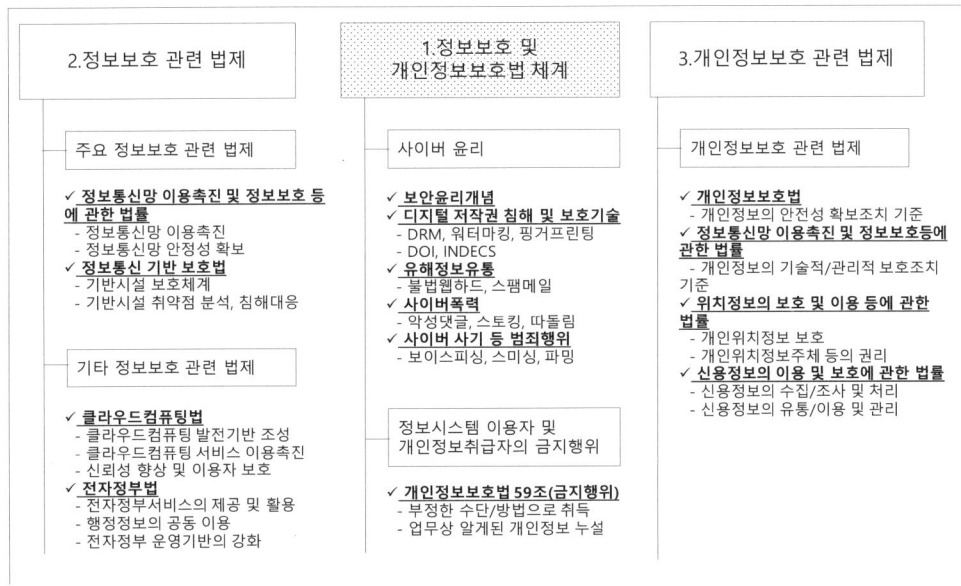

먼저 정보보호 및 개인정보보호법 체계의 경우 사이버 윤리가 출제 기준에 신설되었다. 사람, 사물, 프로세스, 데이터가 인터넷이라는 플랫폼 상에서 초연결되는 IoT 시대가 되면서 비대면이라는 사이버 공간의 특성을 악용한 사이버 폭력 및 사이버 범죄, 디지털화된 정보의 특성을 악용한 유해 정보 유통 및 디지털 저작권 침해가 더욱 기승을 부리고 있다. 이에 따라, 지능 정보 사회를 살아가는 사회 구성원들에게 필요한 올바른 정보 검색과 활용, 바람직한 의사소통 능력과 가치 판단, 글로벌 시민 의식 등의 기본 소양 배양을 위한 정보통신 윤리 교육의 필요성이 더욱 증가하고 있다.

사이버 폭력의 대표적 유형은 1) 사이버 언어 폭력, 2) 사이버 명예훼손, 3) 사이버 성폭력, 4) 사이버 스토킹, 5) 사이버 따돌림(왕따), 6) 신상 정보 유출로 구분할 수 있다.

▷ 사이버 폭력 유형(출처: 교육부 사이버 폭력 예방/대응 가이드)

구분	설명	비고
사이버 언어 폭력	게시판이나 이메일 및 채팅방, 모바일 메신저에서 욕설을 하거나 상대를 비하하고, 거짓된 사실이나 비방하는 글을 올리는 행위	정보통신망법 제74조에 따라 공포심이나 불안감을 유발하는 부호/문언 등을 반복적으로 상대방에 도달하게 한 경우 처벌 가능
사이버 스토킹	사이버 공간에서 원하지 않는 문자, 사진, 동영상을 반복적으로 보내 상대방에게 점차 불안함과 두려움을 주는 모든 행위	
사이버 명예훼손	사이버 공간에서 상대를 비하할 목적으로 사실 또는 거짓을 말하며 상대방의 명예를 떨어뜨리거나 인격을 침해하는 행위	형법 311조에 따라 모욕죄로 처벌 가능
사이버 성폭력	성적인 묘사나 성적으로 비하하는 것 또는 성차별적인 내용을 포함하여 인터넷이나 SNS에 글을 올리거나 유포하는 행위	성폭력 범죄의 처벌 등에 관한 특례법 제13조 (통신매체를 이용한 음란행위)에 따라 처벌 가능
사이버 따돌림 (왕따)	인터넷 대화방, SNS 단체 채팅방 등에서 상대방을 퇴장하지 못하게 한 뒤 놀리고 욕하거나 대화에 참여하지 못하게 하는 행위	학교폭력예방 및 대책에 관한 법률에 따라 처벌 가능
신상 정보 유출	사이버 공간에서 다른 사람의 개인적인 정보를 동의 없이 함부로 유출하거나 유포하는 행위	정보통신망법 제49조 (비밀 등의 보호)에 따라 처벌 가능

사이버 폭력에 대한 대응 방법은 1) 상대방 ID가 확인될 경우 게시일시, 공간, 글 내용이 나오도록 화면을 캡쳐하고, 2) 상대방 ID가 확인되지 않을 경우 게시일시, 인터넷 주소 전체, 접속 IP 등 작성자를 알 수 있는 자료를 캡쳐한 후 가까운 경찰서 민원실에 방문하여 신고하거나 경찰청 사이버안전국(cyberbureau.police.go.kr)의 범죄 신고 시스템을 이용하여 신고한다.

사이버 사기 등 범죄는 1) 정보통신망 침해 범죄, 2) 정보통신망 이용 범죄, 3) 불법 콘텐츠 범죄로 분류할 수 있다(출처: 경찰청 사이버안전국).

정보통신망 침해 범죄는 정당한 접근 권한 없이 또는 허용된 접근 권한을 넘는 범위에서 컴퓨터 또는 정보통신망(컴퓨터 시스템)에 침입하거나 시스템, 데이터 프로그램을 훼손, 멸실, 변경한 경우 및 정보통신망(컴퓨터 시스템)에 장애(성능 저하, 사용불능)를 발생하게 한 경우로 1) 해킹(계정 도용, 단순 침입, 자료 유출, 자료 훼손), 2) 서비스 거부 공격(DDoS), 3) 악성 프로그램, 4) 기타 정보통신망 침해형 범죄(타인 명의 공인인증서 발급, 신종 수법 이용 침해 행위 등)가 해당된다.

정보통신망 이용 범죄는 정보통신망(컴퓨터 시스템)을 범죄의 본질적 구성 요건에 해당하는 행위를 하는 주요 수단으로 이용하는 경우로 1) 인터넷 사기(직거래 사기, 쇼핑몰 사기, 게임 사기, 기타 인터넷 사기), 2) 사이버 금융 범죄(피싱, 파밍, 스미싱, 메모리 해킹, 몸캠 피싱, 기타 전기통신 금융 사기(보이스 피싱, 메신저 피싱 등)), 3) 개인/위치 정보 침해, 4) 사이버 저작권 침해(디지털 자료화된 저작물 또는 컴퓨터 프로그램 저작물에 대한 권리 침해), 5) 스팸 메일, 6) 기타 정보통신망 이용형 범죄(다른 가맹점의 이름으로 전자 화폐를 이용한 거래 등)가 해당된다.

불법 콘텐츠 범죄는 정보통신망(컴퓨터 시스템)을 통하여, 법률에서 금지하는 재화/서비스 또는 정보를 배포, 판매, 임대, 전시하는 경우로 1) 사이버 음란물(일반, 아동), 2) 사이버 도박(스포츠 토토, 경마, 경륜, 경정, 기타 인터넷 도박), 3) 사이버 명예 훼손/모욕/스토킹, 4) 기타 불법 콘텐츠 범죄(허위 주민 번호 생성, 이용 등)이 해당된다.

사이버 사기 등 범죄 행위는 정보통신망법, 정보통신기반보호법, 전기통신기본법, 콘텐츠산업진흥법, 전기통신금융사기 피해 방지 및 피해금 환급에 관한 특별법, 사행행위 등 규제 및 처벌 특례법, 저작권법 등 다양한 법령에 따라 처벌 대상이 된다.

두 번째로 정보보호 관련 법제는 정보통신망 이용 촉진 및 정보보호 등에 관한 법률(이하 정보통신망법), 정보통신기반보호법, 클라우드컴퓨팅법, 전자정부법 등이 있다.

2019년 출제 기준에 새롭게 포함된 클라우드컴퓨팅법의 주요 내용은 다음과 같다.

구분	클라우드컴퓨팅법 주요 내용	비고
목적	클라우드컴퓨팅의 발전 및 이용을 촉진하고 클라우드컴퓨팅 서비스를 안전하게 이용할 수 있는 환경을 조성함으로써 국민 생활의 향상과 국민 경제의 발전에 이바지함	시행 2015.9.28 (과학기술정보통신부)

구분	클라우드컴퓨팅법 주요 내용	비고
주요 내용	클라우드컴퓨팅 발전 기반의 조성(2장) • 중소기업에 대한 지원(11조) • 국가기관 등의 클라우드컴퓨팅 도입 촉진(12조) 클라우드컴퓨팅서비스의 이용촉진(3장) • 상호 운영성의 확보(22조) 클라우드컴퓨팅서비스의 신뢰성 향상 및 이용자 보호(4장) • 신뢰성 향상(23조) - 기준은 관련 고시 참조 • 침해 사고 등의 통지(25조) - 1. 침해 사고, 2. 정보 유출, 3. 중단 • 이용자 정보의 보호(27조) • 사실 조사 및 시정 조치(30조), 비밀 엄수(32조)	벌칙 • 5년 이하 징역, 5000만원 이하(27조 1항 위반) • 3년 이하 징역, 3000만원 이하(32조 위반) 과태료 • 1천만원(25조 1~2항, 27조 3~4항, 30조 5항 위반)
시행령	클라우드컴퓨팅법 시행령 • 통지가 필요한 클라우드컴퓨팅서비스의 중단 기간(16조) • 통지의 내용 및 방법(17조) • 피해 확산 방지 등을 위한 조치(18조) • 계약 종료 또는 사업 종료 사실의 통지(19조)	통지 대상 중단 기준 • 연속 10분 이상 중단 • 24시간내 2회 중단(총 중단 기간) 15분 이상
관련 고시	클라우드컴퓨팅서비스 정보보호에 관한 기준 • 관리적, 물리적, 기술적 보호 조치(3~5조) • 공공기관용 추가 보호 조치(6조) 클라우드컴퓨팅서비스 품질/성능에 관한 기준 • 적용 대상, 기준, 측정 방법 및 절차	공공기관용 추가 보호조치 • 검증필 암호화 기술 제공 • 물리적 위치 국내 한정 • 일반 이용자용과 영역 분리 • CC 인증 획득 제품 사용 품질성능 기준 • 가용성, 응답성, 확장성, 신뢰성, 서비스 지속성, 서비스 지원, 고객 대응

클라우드컴퓨팅법에서는 특히 25조, 27조가 정보보안 관점에서 중요하다고 할 수 있다. 관련 고시인 '클라우드컴퓨팅서비스 정보보호에 관한 기준'에 규정된 관리적, 물리적, 기술적 보호 조치와 공공기관용 추가 보호 조치도 중요하다.

> 제 25조(침해사고 등의 통지 등) ① 클라우드컴퓨팅서비스 제공자는 다음 각 호의 어느 하나에 해당하는 경우에는 지체 없이 그 사실을 해당 이용자에게 알려야 한다.
> 1. 「정보통신망 이용촉진 및 정보보호 등에 관한 법률」 제2조제7호에 따른 침해사고가 발생한 때
> 2. 이용자 정보가 유출된 때
> 3. 사전예고 없이 대통령령으로 정하는 기간(당사자 간 계약으로 기간을 정하였을 경우에는 그 기간을 말한다) 이상 서비스 중단이 발생한 때
> ② 클라우드컴퓨팅서비스 제공자는 제1항 제2호에 해당하는 경우에는 즉시 그 사실을 과학기술정보통신부장관에게 알려야 한다.
> ③ 과학기술정보통신부장관은 제2항에 따른 통지를 받거나 해당 사실을 알게 되면 피해 확산 및 재발의 방지와 복구 등을 위하여 필요한 조치를 할 수 있다.
> ④ 제1항부터 제3항까지의 규정에 따른 통지 및 조치에 필요한 사항은 대통령령으로 정한다

제 27조(이용자 정보의 보호) ① 클라우드컴퓨팅서비스 제공자는 법원의 제출명령이나 법관이 발부한 영장에 의하지 아니하고는 이용자의 동의 없이 이용자 정보를 제3자에게 제공하거나 서비스 제공 목적 외의 용도로 이용할 수 없다. 클라우드컴퓨팅서비스 제공자로부터 이용자 정보를 제공받은 제3자도 또한 같다.

② 클라우드컴퓨팅서비스 제공자는 이용자 정보를 제3자에게 제공하거나 서비스 제공 목적 외의 용도로 이용할 경우에는 다음 각 호의 사항을 이용자에게 알리고 동의를 받아야 한다. 다음 각 호의 어느 하나의 사항이 변경되는 경우에도 또한 같다.

1. 이용자 정보를 제공받는 자
2. 이용자 정보의 이용 목적(제공 시에는 제공받는 자의 이용 목적을 말한다)
3. 이용 또는 제공하는 이용자 정보의 항목
4. 이용자 정보의 보유 및 이용 기간(제공 시에는 제공받는 자의 보유 및 이용 기간을 말한다)
5. 동의를 거부할 권리가 있다는 사실 및 동의 거부에 따른 불이익이 있는 경우에는 그 불이익의 내용

③ 클라우드컴퓨팅서비스 제공자는 이용자와의 계약이 종료되었을 때에는 이용자에게 이용자 정보를 반환하여야 하고 클라우드컴퓨팅서비스 제공자가 보유하고 있는 이용자 정보를 파기하여야 한다. 다만, 이용자가 반환 받지 아니하거나 반환을 원하지 아니하는 등의 이유로 사실상 반환이 불가능한 경우에는 이용자 정보를 파기하여야 한다.

④ 클라우드컴퓨팅서비스 제공자는 사업을 종료하려는 경우에는 그 이용자에게 사업 종료 사실을 알리고 사업 종료일 전까지 이용자 정보를 반환하여야 하며 클라우드컴퓨팅서비스 제공자가 보유하고 있는 이용자 정보를 파기하여야 한다. 다만, 이용자가 사업 종료일 전까지 반환 받지 아니하거나 반환을 원하지 아니하는 등의 이유로 사실상 반환이 불가능한 경우에는 이용자 정보를 파기하여야 한다.

⑤ 제3항 및 제4항에도 불구하고 클라우드컴퓨팅서비스 제공자와 이용자 간의 계약으로 특별히 다르게 정한 경우에는 그에 따른다.

⑥ 제3항 및 제4항에 따른 이용자 정보의 반환 및 파기의 방법·시기, 계약 종료 및 사업 종료 사실의 통지 방법 등에 필요한 사항은 대통령령으로 정한다.

전자정부법도 2019년 개정된 출제 기준에 포함되었으며 주요 내용은 다음과 같다.

구분	전자정부법 주요 내용	비고
목적	행정 업무의 전자적 처리를 위한 기본 원칙, 절차 및 추진 방법 등을 규정함으로써 전자정부를 효율적으로 구현하고, 행정의 생산성, 투명성 및 민주성을 높여 국민의 삶의 질을 향상	시행 2001.7.01 (행정안전부)
주요 내용	전자적 행정관리(2장) • 공개된 인터넷 데이터의 수집/활용(30조의4) • 업무담당자의 신원 및 접근권한(34조) • 금지행위(35조) 행정정보의 공동이용(4장) • 정보주체의 사전동의(42조) • 정보주체의 열람청구권(43조) 전자정부 운영기반의 강화(5장) • 정보시스템의 안정성/신뢰성 제고(3절)	벌칙 • 5년 이하 징역, 5000만원 이하(35조 2~3호 위반) • 3년 이하 징역, 3000만원 이하(35조 4~7호 위반) • 2년 이하 징역, 700만원 이하(35조 8호 위반) 과태료 • 3천만원(42조 1항, 43조 2~3항)
시행령	전자정부법 시행령 • 전자적 행정관리(3장) • 행정정보의 공동이용(4장) • 전자정부 운영기반의 강화(5장) • 전자정부 구현을 위한 시책 등의 추진(6장)	전자문서의 보관/유통 관련 보안 조치(69조) • 국정원장이 개발 또는 안전성을 검증한 암호장치 도입 • 전자문서가 보관/유통되는 정보통신망에 대한 보안대책
관련 고시	행정기관 및 공공기관 정보시스템 구축/운영 지침 • 소프트웨어 개발보안 원칙(제6장 50조) • 소프트웨어 개발보안 활동(제6장 51조) • 보안약점 진단기준(제6장 52조) • 보안약점 진단절차(제6장 53조) • 진단원(제6장 54조)	SW개발보안 범위 • 신규 개발: 설계 단계 산출물, 소스 코드 전체 • 유지보수: 변경된 산출물 전체 보안약점 진단기준 • 입력 데이터 검증 및 표현, 보안 기능, 에러 처리, 세션 통제 등

전자정부법에서는 특히 35조, 42조, 43조가 정보보안 관점에서 중요하다고 할 수 있다. 관련 고시인 '행정기관 및 공공기관 정보시스템 구축/운영 지침'에 규정된 소프트웨어 개발보안 및 보안약점 진단 기준도 중요하다.

마지막으로 개인정보보호 관련 법제는 개인정보보호법, 정보통신망 이용 촉진 및 정보보호 등에 관한 법률, 위치정보의 보호 및 이용 등에 관한 법률(이하 위치정보법), 신용정보의 이용 및 보호에 관한 법률(이하 신용정보법) 등이 있다.

2019년 출제 기준에 새롭게 포함된 위치정보보호법의 주요 내용은 다음과 같다.

구분	위치정보법 주요 내용	비고
목적	위치정보의 유출·오용 및 남용으로부터 사생활의 비밀 등을 보호하고 위치정보의 안전한 이용환경을 조성하여 위치정보의 이용을 활성화함으로써 국민생활의 향상과 공공복리의 증진에 이바지함	시행 2005.7.28 최종개정 2018.10.18 (방송통신위원회)
주요 내용	위치정보사업의 허가 등(2장) • 개인위치정보를 대상으로 하는 위치정보사업 허가(5조) • 개인위치정보를 대상으로 하지 아니하는 위치정보사업 신고(5조의 2) • 위치기반서비스사업의 신고(9조) • 허가의 취소 및 사업의 폐지/정지 등(13조) 위치정보의 보호(3장) • 통칙(1절 15~17조) • 개인위치정보의 보호(2절 18~23조) • 개인위치정보주체 등의 권리(3절 24~28조) 긴급구조를 위한 개인위치정보 이용(5장) • 긴급구조를 위한 개인위치정보의 이용(29조) • 개인위치정보의 요청 및 방식 등(30조)	벌칙 • 5년 이하 징역, 5000만원 이하(5조 1항, 17조, 18조 등) • 3년 이하 징역, 3000만원 이하(5조 7항, 9조 1항 등) • 1년 이하 징역, 2000만원 이하(5조 2 제3항 3호 등) 과태료 • 2천만원(5조 4항, 24조 2항) • 1천만원(7조 4항, 12조 1항)

구분	위치정보법 주요 내용	비고
시행령	위치정보법 시행령 • 개인위치정보사업의 허가신청(2조) • 위치기반서비스사업의 신고(7조) • 위치정보의 관리적/기술적 보호조치(20조) • 위치정보의 요청 및 제공(25조)	<u>기술적 보호조치(20조 2항)</u> • 식별 및 인증 • 암호화 및 방화벽 설치 • 접근사실 전자적 자동기록 • 침해사고 방지 보안프로그램 설치 및 운영
관련 고시	<u>개인위치정보사업허가 세부심사기준별 평가방법</u> • 허가신청방법(3조) • 허가신청 서류, 접수(4~5조) • 허가신청서류의 보정 등(6조) • 심사기준(8조)	<u>심사사항별 세부심사기준</u> 3. 위치정보보호 기술적, 관리적 조치계획의 적절성(40점) • 보호 계획의 수립 및 관리(6), 인적보안(6), 개인위치정보주체의 권리보호(8), 시스템/NW 보안 및 장애대책(14)

위치정보법에서는 5조, 9조, 18~23조가 중요하다. 위치기반 서비스의 활성화를 위하여 기존에는 위치정보사업자는 무조건 허가 조건이었으나, 2018년 10월 개정된 법에서는 개인위치정보를 대상으로 하지 않는 사업은 신고 조건으로 완화가 되었다. 관련 고시로 "개인위치정보사업허가 세부심사기준별 평가방법"이 있다.

2019년 출제 기준에 새롭게 포함된 신용정보법의 주요 내용은 다음과 같다.

구분	신용정보법 주요 내용	비고
목적	신용정보업을 건전하게 육성하고 신용정보의 효율적 이용과 체계적 관리를 도모하며 신용정보의 오용·남용으로부터 사생활의 비밀 등을 적절히 보호함으로써 건전한 신용질서의 확립에 이바지 함	시행 1995.07.06 최종개정 2018.12.31 (금융위원회(신용정보팀))
주요 내용	신용정보의 수집·조사 및 처리(3장) • 수집·조사 및 처리의 원칙, 제한, 위탁(15조~17조) 신용정보의 유통/이용 및 관리(4장) • 신용정보의 정확성 및 최신성의 유지(18조) • 신용정보전산시스템의 안전보호(19조) • 개인신용정보의 보유기간 등(20조의 2) 신용정보주체의 보호(6장) • 개인신용정보의 이용(33조) • 신용정보의 열람 및 정정청구 등(38조) • 업무 목적 외 누설금지 등(42조)	벌칙 • 10년 이하 징역, 1억원 이하(42조 1항, 3항) • 5년 이하 징역, 5000만원 이하(16조, 17조 6항, 33조 등) • 1년 이하 징역, 1000만원 이하(17조 2항, 20조 2항 등) 과태료 • 5천만원(15조 2항, 19조 등) • 3천만원(20조의 2 제2항 등)
시행령	신용정보법 시행령 • 수집·조사 및 처리의 제한(13조) • 수집된 신용정보 처리의 위탁(14조) • 기술적·물리적·관리적 보안대책의 수립(16조) • 개인신용정보의 관리방법 등(17조의 2)	보안대책(16조) • 침입차단시스템 등 접근통제 장치의 설치, 운영 • 정보의 훼손 및 파괴 방지 • 직급별, 업무별 차등권한 • 신용정보 조회 기록의 주기적 점검
관련 고시	신용정보업 감독규정 • 수집된 신용정보의 처리의 위탁(15조) • 오래된 신용정보의 등록 금지(18조) • 오래된 신용정보의 삭제(19조) • 기술적·물리적·관리적 보안대책(20조)	보안대책 마련기준(20조) 1. 기술적·물리적 보안대책 • 접근통제, 접속기록의 위변조방지, 개인신용정보 암호화, 컴퓨터바이러스 방지, 출력·복사 시 보호조치

신용정보법의 경우 15조~17조, 19조, 20조의 2 등이 정보보안 관점에서 특히 중요하다. 관련 고시로서 신용정보업 감독규정이 있으며, 규정에서 요구하는 기술적·물리적·관리적 보안 대책 마련 기준에 부합하도록 통제를 적용해야 한다.

기존부터 출제 기준에 포함되어 있는 나머지 3개 법령에 대한 핵심적인 사항은 다음과 같다.

구분	목적	주요 항목
정보통신망법 (방송통신위원회)	• 정보통신망의 이용을 촉진하고 정보통신서비스를 이용하는 자의 개인정보를 보호함과 아울러 정보통신망을 건전하고 안전하게 이용할 수 있는 환경을 조성하여 국민생활의 향상과 공공복리의 증진에 이바지함 • 적용 대상: 정보통신서비스 제공자의 전자파일(고객정보)	[법령 주요 항목] • 개인정보의 보호(4장) • 정보통신망의 안정성 확보 등(6장) [고시] • 개인정보의 기술적·관리적 보호조치 기준 (내부관리계획, 접근통제, 접속기록의 위변조 방지, 개인정보암호화, 악성프로그램 방지 등)
개인정보보호법 (행정안전부)	• 개인정보의 처리 및 보호에 관한 사항을 정함으로써 개인의 자유와 권리를 보호하고, 나아가 개인의 존엄과 가치를 구현 • 적용 대상: 정보통신서비스 제공자 외의 전자파일, 임직원 정보, 수기 문서(오프라인 사업자도 포함)	[법령 주요 항목] • 개인정보의 처리(3장) • 개인정보의 안전한 관리(4장) • 정보주체의 권리보장(5장) [고시] • 개인정보의 안전성 확보 조치 기준(내부관리계획, 접근통제, 개인정보암호화, 접속기록의 보관 및 점검, 악성프로그램 방지,
정보통신기반보호법(과학기술정보통신부)	• 전자적 침해행위에 대비하여 주요정보통신기반시설의 보호에 관한 대책을 수립·시행함으로써 동 시설을 안정적으로 운용하도록 하여 국가의 안전과 국민생활의 안정을 보장 • 적용 대상: 국가안전보장·행정·국방·치안·금융·통신·운송·에너지 등의 업무와 관련된 전자적 제어·관리시스템 및 정통망법 2조 1항 1호의 규정에 의한 정보통신망	[법령 주요 항목] • 주요정보통신기반시설의 보호체계(2장) • 주요정보통신기반시설의 지정 및 취약점 분석 (3장) • 주요정보통신기반시설의 지정 등(8조) • 취약점의 분석·평가(9조) • 주요정보통신기반시설의 보호 및 침해사고의 대응(4장) • 침해사고의 통지(13조) • 정보공유·분석센터(16조)

유사한 항목에 대하여 개인정보보호법과 정보통신망법이 상이하게 규정하고 있는 부분에 대해서는 출제가 자주 되므로 명확하게 차이점을 이해해야 한다.

구분	개인정보보호법	정보통신망법
개인정보의 수집·이용	[15조 1항] 개인정보처리자는 다음 각 호의 어느 하나에 해당하는 경우에는 개인정보를 수집할 수 있으며 그 수집 목적의 범위에서 이용할 수 있다. 1. 정보주체의 동의를 받은 경우 2. 법률에 특별한 규정이 있거나 법령상 의무를 준수하기 위하여 불가피한 경우 3. 공공기관이 법령 등에서 정하는 소관 업무의 수행을 위하여 불가피한 경우 4. 정보주체와의 계약의 체결 및 이행을 위하여 불가피하게 필요한 경우 5. 정보주체 또는 그 법정대리인이 의사표시를 할 수 없는 상태에 있거나 주소불명 등으로 사전 동의를 받을 수 없는 경우로서 명백히 정보주체 또는 제3자의 급박한 생명, 신체, 재산의 이익을 위하여 필요하다고 인정되는 경우 6. 개인정보처리자의 정당한 이익을 달성하기 위하여 필요한 경우로서 명백하게 정보주체의 권리보다 우선하는 경우. 이 경우 개인정보처리자의 정당한 이익과 상당한 관련이 있고 합리적인 범위를 초과하지 아니하는 경우에 한한다.	[22조 2항] 정보통신서비스 제공자는 다음 각 호의 어느 하나에 해당하는 경우에는 제1항에 따른 동의 없이 이용자의 개인정보를 수집·이용할 수 있다. 1. 정보통신서비스의 제공에 관한 계약을 이행하기 위하여 필요한 개인정보로서 경제적·기술적인 사유로 통상적인 동의를 받는 것이 뚜렷하게 곤란한 경우 2. 정보통신서비스의 제공에 따른 요금정산을 위하여 필요한 경우 3. 이 법 또는 다른 법률에 특별한 규정이 있는 경우

구분	개인정보보호법	정보통신망법
개인정보의 제3자 제공	[17조] ①개인정보처리자는 다음 각 호의 어느 하나에 해당되는 경우에는 정보주체의 개인정보를 제3자에게 제공(공유를 포함한다. 이하 같다)할 수 있다. 1. 정보주체의 동의를 받은 경우 2. 제15조제1항제2호·제3호·제5호 및 제39조의3제2항제2호·제3호에 따라 개인정보를 수집한 목적 범위에서 개인정보를 제공하는 경우	[24조 2] ① 정보통신서비스 제공자는 이용자의 개인정보를 제3자에게 제공하려면 제22조제2항제2호 및 제3호에 해당하는 경우 외에는 다음 각 호의 모든 사항을 이용자에게 알리고 동의를 받아야 한다. 다음 각 호의 어느 하나의 사항이 변경되는 경우에도 또한 같다. 1. 개인정보를 제공받는 자 2. 개인정보를 제공받는 자의 개인정보 이용 목적 3. 제공하는 개인정보의 항목 4. 개인정보를 제공받는 자의 개인정보 보유 및 이용 기간
개인정보 유출 등의 통지 및 신고	[34조] ① 개인정보처리자는 개인정보가 유출되었음을 알게 되었을 때에는 지체 없이 해당 정보주체에게 다음 각 호의 사실을 알려야 한다. 1. 유출된 개인정보의 항목 2. 유출된 시점과 그 경위 3. 유출로 인하여 발생할 수 있는 피해를 최소화하기 위하여 정보주체가 할 수 있는 방법 등에 관한 정보 4. 개인정보처리자의 대응조치 및 피해 구제절차 5. 정보주체에게 피해가 발생한 경우 신고 등을 접수할 수 있는 담당부서 및 연락처 ③ 개인정보처리자는 대통령령으로 정한 규모 이상(1천명 이상의 정보주체에 관한 개인정보) 개인정보가 유출된 경우에는 제1항에 따른 통지 및 제2항에 따른 조치 결과를 지체 없이 보호위원회 또는 대통령령으로 정하는 전문기관(한국인터넷진흥원)에 신고하여야 한다. 이 경우 보호위원회 또는 대통령령으로 정하는 전문기관은 피해 확산 방지, 피해 복구 등을 위한 기술을 지원할 수 있다.	[27조 3] ① 정보통신서비스 제공자등은 개인정보의 분실·도난·유출(이하 "유출등"이라 한다) 사실을 안 때에는 지체 없이 다음 각 호의 모든 사항을 해당 이용자에게 알리고 방송통신위원회 또는 한국인터넷진흥원에 신고하여야 하며, 정당한 사유 없이 그 사실을 안 때부터 24시간을 경과하여 통지·신고해서는 아니 된다. 다만, 이용자의 연락처를 알 수 없는 등 정당한 사유가 있는 경우에는 대통령령으로 정하는 바에 따라 통지를 갈음하는 조치를 취할 수 있다. 1. 유출등이 된 개인정보 항목 2. 유출등이 발생한 시점 3. 이용자가 취할 수 있는 조치 4. 정보통신서비스 제공자등의 대응 조치 5. 이용자가 상담 등을 접수할 수 있는 부서 및 연락처

구분	개인정보보호법	정보통신망법
접속기록의 보관 및 점검	[개인정보의 안전성 확보 조치 기준 제8조] ① 개인정보처리자는 개인정보취급자가 개인정보처리시스템에 접속한 기록을 1년 이상 보관·관리하여야 한다. 다만, 5만명 이상의 정보주체에 관하여 개인정보를 처리하거나, 고유식별정보 또는 민감정보를 처리하는 개인정보처리시스템의 경우에는 2년 이상 보관·관리하여야 한다. ② 개인정보처리자는 개인정보의 분실·도난·유출·위조·변조 또는 훼손 등에 대응하기 위하여 개인정보처리시스템의 접속기록 등을 월 1회 이상 점검하여야 한다. 특히 개인정보를 다운로드한 것이 발견되었을 경우에는 내부관리 계획으로 정하는 바에 따라 그 사유를 반드시 확인하여야 한다.	[개인정보의 기술적·관리적 보호 조치 기준 제5조] ① 정보통신서비스 제공자등은 개인정보취급자가 개인정보처리시스템에 접속한 기록을 월 1회 이상 정기적으로 확인·감독하여야 하며, 시스템 이상 유무의 확인 등을 위해 최소 6개월 이상 접속기록을 보존·관리하여야 한다.

3. 필기 시험 합격의 핵심은 반복 학습 및 오답 풀이

각 과목에 대한 학습을 진행했다면 이제는 문제 풀이를 통해 평가를 해 볼 차례이다. 이론 학습과 문제 풀이는 아래의 가이드를 참조해서 스스로 계획을 세워서 진행하도록 한다. 계획 수립에 대한 상세한 방법은 4장의 내용을 참조하기 바란다.

1) 각 과목별 이론 학습 후 문제 풀이

① 이론 학습서는 직접 서점을 방문하여 자신에게 가장 적합한 것을 고르도록 한다.

② 선택한 학습서를 통해 이론 학습을 하기 전에 본 책자의 3장에 설명된 "2. 과목별 핵심 원리 이해를 통해 합격을 위한 기본기 다지기" 내용을 최소 3번 이상 반복해서 읽어보기 바란다.

③ 과목별 학습 후에 다시 한번 읽어 본다면 개별 지식들이 하나의 큰 그림으로서 이해될 것이다.

④ 과목별로 이론 학습을 마친 후에는 반드시 문제 풀이를 통해서 학습 성과를 점검하도록 한다. 해당 과목과 관련된 문제를 2시간 내에 집중해서 풀어보기 바란다.

⑤ 시중에 출시된 이론 학습서 각각에 대한 장단점을 본 책에서 언급하기는 어려우니, 혹시 추천이 필요하면 별도로 연락하기 바란다.

2) 전체 과목 이론 학습 완료 후 문제풀이

① 전 과목에 대한 이론 학습을 마쳤다면 최근 기출 문제 2회분을 실제 시험과 동일하게 시간을 재고 풀어 보도록 한다.

② 기출 문제 풀이에서 합격 점수를 받았다면 실전 시험에서도 합격할 가능성이 높다. 만일 합격 점수가 나오지 않았더라도 실망하지 말고 다음 가이드에 따라 학습을 하면 된다.

③ 참고로 기출 문제는 이론 학습서에 포함되어 있으니 따로 구하느라 수고를 하지 않아도 된다.

3) 오답만 다시 풀기

① 과목별 문제 풀이 및 기출 문제 풀이 결과 틀린 문제에 대해서는 그냥 지나가면 안 되고 반드시 재학습을 해야 한다.

② 틀린 문제에 대한 해설 자료를 읽고 왜 틀렸는지 명확히 이해하도록 한다.

③ 그러고 나서 오답만 다시 풀어보도록 한다.

4) 전 과목 반복 학습하기

① 오답 풀이를 마쳤으면 전 과목에 대하여 다시 한번 반복 학습을 하도록 한다.

② 사람은 망각의 동물이므로 시간이 지나면 처음에 이해했던 내용도 기억의 저편으로 하나 둘씩 사라져 가기 때문에 반복 학습은 매우 중요하다.

③ 과목별 학습 종료 후 문제 풀이를 빠르게 진행하도록 한다.

④ 두 번째 학습을 할 때에는 첫 번째 보다는 진도를 빨리 나갈 수 있을 것이다.

5) 오답만 다시 풀기

① 전 과목에 대한 반복 학습을 하고 나면 첫 번째와 마찬가지로 기출 문제를 시간을 재고 다시 풀어보도록 한다.

② 처음보다 정답률이 높아질 것이지만, 시험 범위가 광범위하다 보니 또다시 틀린 문제가 나올 수밖에 없다.

③ 틀린 문제에 대해서는 처음과 같이 오답만 다시 풀기를 반복하도록 하자.

④ 여기까지 잘 따라왔다면 필기 시험 합격의 9부 능선은 넘었다고 볼 수 있다.

⑤ 만일 두 번째 학습을 했음에도 기출 문제 풀이 결과 합격 점수가 나오지 않았다면, 미흡한 과목에 대하여 집중적인 반복 학습을 다시 하도록 하자.

6) 꾸준히 최신 트렌드 따라잡기

① 정보보안의 트렌드는 계속 변하기 때문에 시험에도 최신 트렌드가 반영된 문제가 출제된다.

② 따라서 평상시에 꾸준하게 보안 동향을 주시하고 있어야 한다. KISA 홈페이지에 올라오는 자료나 보안뉴스(www.boannews.com)를 읽어보면 최신 동향을 파악하는 데 큰 도움이 될 것이다.

③ 특히 보안뉴스의 경우 메일링 리스트에 가입하여 매일 특정 시간을 정해놓고 20~30분 정도 읽는 습관을 갖기를 추천한다.

4. 실기 시험 합격의 핵심은 원리의 이해 및 실무 역량 배양

실기 시험의 경우 총 15문제(단답형 10문항(30점), 서술형 3문항(42점), 실무형 3문항 중 택 2(28점))가 모두 주관식으로 출제되며, 합격 기준은 60점 이상이다. 이론서 학습 및 문제 풀이 중심의 암기식 학습으로도 합격이 가능한 필기 시험에 비해, 실기 시험은 원리의 이해를 통한 실무 중심의 학습이 되지 않으면 합격이 어렵다.

최종 합격률 10%가 말해주듯, 정보보안기사 자격증은 "정보보호에 대한 지식과 운용 경험을 바탕으로 시스템과 서버, 네트워크 장비 및 보안 시스템 운용을 통해, 보안 업무 및 보안 정책 수립과 보안 대책 구현, 정보보호 관련 법규 준수 여부를 판단하는 등의 업무"를 수행할 수 있는 자격이 있다고 판단되는 응시자에게만 합격의 영광이 주어진다는 의미이다.

따라서 실기 시험 문제가 다소 난해하게 느껴지더라도 자격증의 가치를 생각하고, 국가가 공인한 정보보안기사로서 부끄럽지 않게 실무에서 활약하는 모습을 상상하며 정공법으로 학습 준비를 하는 것이 바람직하다.

첫째, 이론서의 반복 학습을 통한 개념 및 원리의 명확한 이해

필기 시험을 치른 후 합격자 발표를 기다리는 경우이거나 실기 시험 불합격의 고배를 마신 후 재도전하는 경우에도 학습의 출발점은 필기 시험을 위해 학습했던 이론서가 되어야 한다. 이론서를 재학습하면 반복 학습 효과에 의해 이전에 잘 모르고 넘어갔던 내용도 이해가 되는 신기한 현상을 경험할 수 있다. 실기 이론서를 기준으로 학습을 하되, 실기 이론서에서 부족한 내용은 필기 이론서의 내용을 확인하는 방식으로 학습하도록 한다. 특히 동영상 또는 MP3 음성 강의 파일을 이동 중에 반복적으로 듣는 방식을 병행하면 눈으로 학습하는 것 대비 학습 효과가 배가 될 수 있다.

둘째, 실습 환경 구축을 통한 실무 역량 배양

실기 시험의 경우 시스템 환경 설정, 명령어 옵션, 로그 분석 등의 문제가 많이 출제된다. 따라서 단순히 이론만 학습하기보다는 집에 실습 환경을 구축해서 실제로 명령어도 수행해 보고 로그 파일도 확인을 하는 방식으로 학습하면 손과 눈에 각인되는 효과를 얻을 수 있다. 실습을 통해 직접 확인한 내용은 실무에서도 쉽게 활용할 수 있으므로 일석이조의 효과를 볼 수 있다.

실습 환경을 구축하는 것은 다음의 2가지 방식 중 하나를 추천한다.

① 오라클 Virtual Box

- 논리적 가상화 기술을 이용하여 집에 있는 PC에서 리눅스 OS 환경을 구성할 수 있도록 해 주는 프로그램이다.
- 단, PC의 리소스를 사용하므로 PC의 용량이 부족한 경우 속도 저하를 겪을 수 있으나 설치 후에는 인터넷에 연결되어 있지 않아도 실습을 할 수 있는 장점이 있다.

② 아마존 웹 서비스

- 아마존의 클라우드 기반 서비스(IaaS)를 이용하여 손쉽게 리눅스 OS 환경을 제공받을 수 있다.
- 클라우드의 리소스를 사용하므로 PC의 용량이나 성능에 영향을 받지 않는 장점은 있으나, 인터넷에 연결되어 있을 때만 실습을 할 수 있는 제약 사항이 있다. 또한 프리티어 서비스를 선택하는 경우 OS 환경 1개에 한하여 무료로 이용 가능하다.

실습 환경 구성 방법에 대한 상세한 내용은 부록 파트에 담아 놓았으니 참조하기 바란다.

실습 환경을 구축했다면 실기 시험에 자주 출제되는 아래의 항목은 직접 실습을 하도록 하자.

- 계정 설정(/etc/passwd, /etc/shadow), 파일 권한(chmod, chgrp, find), 파일 속성(lsattr, chattr)
- 로그 파일(utmp, wtmp, btmp, messages), 로그 데몬(syslog), 로그 관리(logrotate)
- 접근 통제(iptables, tcpwrapper), IDS(Snort), 스케줄링(cron)
- TCP(tcpdump, netstat -an, nmap), IP(ping, tracert, netstat -rn), 네트워크 구성(ndd, ifconfig)
- FTP(ftpusers, xferlog), 프로세스 관리(proc, ps)

셋째, 법령 및 고시의 내용을 정보보호 대책과 연계하여 이해

실기 시험의 경우 법령 및 고시의 내용을 물어보는 문제가 많이 출제된다. 특히 단답형보다는 서술형과 실무형에 출제되는 비중이 높기 때문에, 철저한 대비가 필요하다. 법령의 경우 법령 사이트(law.go.kr)에서 법률, 시행령, 시행세칙, 관련 고시까지 모두 출력하여 정보보안 관련 파트는 종이가 닳아 헤지도록 반복해서 학습을 하도록 하자.

좀 더 효과적으로 학습하는 방법으로, 법령에 기술된 기술적 보호 조치에 대하여 실제 시스템 내에서 설정하는 방법을 연계해서 학습하면 기억에도 오래 남고, 향후 법령과 시스템 설정을 연계해서 문제가 출제되는 경우에도 대비할 수 있다.

예를 들어 개인 정보의 기술적·관리적 보호 조치 기준에 명시된 비밀번호 작성 규칙의 경우 실제 OS 내의 패스워드 규칙 설정 파일(리눅스의 경우 /etc/login.defs, /etc/security/pwquality.conf)을 확인함으로써 패스워드 길이, 변경 주기, 복잡도 설정을 확인할 수 있으며, /etc/shadow 파일에서 각 계정별 최종 패스워드 변경일, 만료일을 확인할 수 있다.

특히, KISA 홈페이지 내의 기술 안내서 가이드 메뉴에 게시되어 있는 안내서와 해설서는 실무 관점에서 유용한 내용을 담고 있고, 실제로 문제로도 출제되고 있으므로 시간이 되면 읽어보기를 추천한다.

넷째, 문제 풀이를 통한 성과 평가 및 개선

위와 같이 실기 이론서 학습 및 실습을 통하여 학습한 이후에는 문제 풀이를 통하여 학습 성과를 평가하도록 하자. 필기 시험 학습 방법과 동일하게 과목별 학습을 1회 완료한 이후에는 문제 풀이를 통하여 부족한 부분을 확인토록 하자. 오답에 대하여 반복 학습하는 것은 기본이다.

전체 과목에 대한 학습을 완료한 후에는 실전 시험과 동일하게 시간을 재고 모의 시험을 통해 학습 성과를 평가하는 시간이 필요하다. 시중의 학습서에 포함된 문제를 활용해도 되고, 오프라인 과정을 수강하는 경우 과정에 포함되어 있는 모의 시험을 활용하는 것도 방법이 되겠다.

다섯째, 실전 실기 시험에서 +5점을 좌우하는 답안 작성 방법

분명히 답안을 맞게 작성한 것 같은데, 실기 시험 점수가 생각보다 낮게 나오는 경우가 있는 반면, 생각보다 점수가 많이 나와서 의외의 합격을 하게 되는 경우도 있다. 무엇이 이러한 차이를 가져오는 걸까?

정답은 "채점자 입장에서 답안을 작성하였는가?"이다. 아래 예시를 보면서 설명을 하고자 한다.

[서술형 문제 예시]

11. 파일 업로드 취약점 대응을 위한 .htaccess 파일 설정의 의미에 대하여 답하시오.

> (1) 〈FilesMatch ₩.(ph|lib|sh|)
>   Order Allow DENY
>   Deny From ALL
>   〈/FilesMatch〉
>
> (2) AddType text/html .php .php1 .php2 .php3 .php4 .phtml

[고득점 불가능한 답안 예시]

(1) 확장자가 .ph, .lib, .lsh 파일들은 차단한다.
(2) 확장자가 php, php1, php2, php3, php4, phtml 파일들에 대하여 파일 업로드 취약점을 해결한다.

[고득점 가능한 답안 예시]

(1) FilesMatch 지시자를 이용, .ph, .lib, .sh 등의 Server Side Script 파일에 대해서 직접 URL 호출 금지한다. (업로드 된 스크립트(웹쉘)의 실행을 방지하기 위한 목적임)
(2) AddType 지시자를 이용 Server Side Script 확장자(php, php1, php2, php3, php4, phtml)를 text/html MIME Type으로 재조정하여 업로드된 스크립트 실행을 방지한다.

위에서 예를 든 바와 같이 실기 시험은 채점자 입장에서 최대한 친절하고 상세하게 답하는 것이 중요하다. (1)의 경우 설정된 3개 확장자를 가진 파일은 직접 URL 호출을 금지한다는 말이 들어가야 한다. (2)는 해당 확장자의 MIME type을 실행 불가한 text/html로 변경한다는 말이 들어가야 한다.

2개의 문항에 각각 7점씩 배정되어 있다고 가정하고 고득점 불가능한 답안 예시에 작성된 내용을 채점해 보겠다. (1)의 경우는 단순히 차단한다고만 되어 있어 설정 내용의 의미를 충분히 설명하지 못하고 있다. 이러한 경우 채점자에게 정확히 모르고 답안을 작성했다는 오해를 줄 가능성이 높아 3점 이상 획득이 어렵다. (2)의 경우에도 어떻게 파일 업로드 취약점을 해결하는지 설명이 없기 때문에 역시 3점 이상 획득이 어렵다. 서술형 문제 하나에 배정된 14점 중에서 부분 점수를 고려해도 5점 이상 획득하기 어려운 답안이다. 만일 (1)번의 경우 실행을 차단한다는 내용이 들어갔다면 최소 1점 이상 추가 점수 획득이 가능했을 것이다.

즉, 전체 15문제 중 5문제가 서술형 및 실무형이므로 문제당 1점씩만 부분 점수를 더 획득하면 총점 기준으로 무려 5점의 차이가 나게 된다. 이러한 차이는 채점자를 고려하여 얼마나 친절하고 상세하게 답안을 작성했는지에 따라 좌우된다. 따라서 평상시 학습을 할 때 단순 암기식이 아니라 원리를 이해하려고 노력해 보자. 그리고 문제를 꼼꼼하게 읽고, 물어보는 사항에 집중하여 최대한 상세하고 친절하게 답안을 작성하도록 하자. 56점으로 불합격하느냐 61점으로 합격하느냐는 바로 여기에서 결정된다.

위 5가지 사항에 유의하여 실기 시험 준비를 하되 독학보다는, 가급적 현장 경험이 풍부한 전문 강사가 진행하는 오프라인 과정 수강을 병행하는 것을 추천하고자 한다. 최근에는 정부 지원 과정으로 운영되는 단기 집중 과정도 있기 때문에 저렴한 비용으로 집중적인 학습이 가능하며, 궁금한 사항은 직접 질의 응답을 통하여 확인할 수 있기 때문에 학습 효과가 높다. 또한 보안기사 취득 이후의 진로에 대한 가이드까지 받을 수 있다면 금상첨화일 것이다.

4장

정보보안기사 한방 합격과 성공하는 인생을 위한 6가지 자기관리 비법

정보보안기사 자격증을 취득하는 데 걸리는 시간은 천차만별이다. 4개월 안에 필기와 실기를 동차에 합격하는 경우가 있는가 하면, 1년이 지나도 합격을 못하는 경우가 있다. 과연 무엇이 합격 기간을 결정하는 것일까?

정보보안기사 자격증의 경우 1년에 2번 시험이 치러지기 때문에 가장 빠르게 합격을 하더라도 4개월의 기간이 필요하며, 첫 번째 시험에서 불합격하는 경우 다음 시험이 6개월 뒤에 있으므로 최소 1년 정도의 기간을 투자해야 한다. 이와 같이 난이도가 있고, 비교적 장기간 학습을 해야 하는 자격증의 경우 합격의 열쇠는 머리가 좋고 나쁨에 있지 않다.

명확한 목표에 입각해서 철저한 자기 관리를 통해 포기하지 않고 꾸준하게 학습할 수 있는 지속력이 합격의 결정적인 요인이 된다. 머리가 좋지 않거나 경험이 부족하더라도 이번 장에 언급된 가이드에 따라 최소 6개월간 꾸준히 실천할 수 있다면 1년 이내에 충분히 합격할 수 있다. 그러니 자신감을 가지고 다음의 6가지 자기 관리 방법을 읽고 실천해 보도록 하자. 나만의 습관으로 체득한다면 정보보안기사 한방 합격은 기본이고 인생에서의 성공을 가져다 주는 보물상자가 될 것이다.

시작하게 하는 힘	유지하게 하는 힘
① 목표 설정하기	④ 습관 관리하기
② 계획 수립하기	⑤ 열정 관리하기
③ 시간 관리하기	⑥ 지속성 관리하기

1. 목표 설정하기

어떤 일을 하던지 목표가 없는 실행은 추진 동력이 오래 가지 못한다. 즉, 막연하게 "남들이 다 도전하고, 앞으로 유망하다고 하는데 한번 해볼까?"로 시작하는 경우 장기간의 레이스에서 중도 포기할 가능성이 아주 높다. 반면 명확한 목표를 정하고 시작하면 실행 과정에서 맞닥뜨리게 되는 어려움, 나태함 등과 같은 포기의 유혹을 물리치고 결승점까지 도달할 수 있다.

"나는 왜 보안기사 자격증을 취득하려고 하는가?"에 대하여 최소 세 번 자신에게 질문해 보자.

① 나는 왜 보안기사 자격증을 취득하려고 하지?
　남들이 다 따니까. 그리고 내 Spec에 한 줄 들어가는 거니까….

② Spec에 들어가는 거 말고, 보안기사 자격증을 취득해야 하는 이유는 뭐지?
　인공지능, IoT 시대는 정보가 핵심이며, 정보가 안전하게 활용될 수 있도록 관리하지 못하는 기업은 존립 자체가 불가능하므로 정보보안 전문가의 수요는 계속 증가하고 있으니까….

③ 그럼, 자격증만 취득하면 정보보안 전문가로서 활동할 수 있는 건가?
　만일 자격증 취득만을 목표로 요령 위주, 암기 위주로 공부를 한다면 합격도 어려울뿐더러, 설사 운 좋게 합격하더라도 정보보안 전문가로서 당당하고 자신 있게 업무를 수행하기 어려울 것이다. 따라서 합격 이후 실무에서 인정받는 전문가로서 활동하기 위해서는 경력 개발 계획과 연계하여 좀 더 구체적인 목표를 세우고 제대로 공부해야 한다.

세계적인 성공 철학의 거장 나폴레온 힐이 저술한 〈나폴레온 힐 성공의 법칙〉에서는 "성공적인 목표 달성을 위해서는 '불타는 욕망'으로 인생의 '명확한 중점 목표'가 뒷받침되어야 한다. 그리고 그 목표를 달성하기 위해 충분하고도 적절한 '행동'을 취해야 한다"라고 말하고 있다.

즉, 단순하게 정보보안기사 합격이 목표가 아니라 자격증 취득 이후 무엇을 할 것인지에 대한 명확한 목표를 세우고 시작하는 경우 학습 과정에서의 집중력과 학습 성과는 그렇지 않은 경우와 비교할 때 엄청나게 차이가 날 것이다.

그러면 명확한 목표는 어떻게 수립해야 할까? 참고가 될 수 있도록 SWOT 분석을 통한 전략 수립 방법을 소개하고자 한다.

먼저, 개발 및 정보보안 업무 경험이 있는 경우 SWOT 분석 사례는 다음과 같다. 이 경우 정보보안기사 자격증 취득을 계기로 이직 또는 직무 변경을 통한 업무 영역 확대를 목표로 학습에 매진한다면 학습 효과가 배가될 수 있을 것이다.

▷ 정보보안기사 합격을 위한 SWOT 분석 사례 #1 - 정보보안 업무 경험이 있는 경우

Strength(나의 강점)	Weakness(나의 약점)
1. 정보보안 솔루션 운영 업무 경험 2. 웹 개발 업무 경험 3. 포기하지 않는 근성	1. 법규 및 관리에 대한 이해 부족 2. 암기를 잘 못함 3. 체력이 약해 장시간 공부하지 못함
Opportunity(외부의 기회 요인)	Threat(외부의 위협 요인)
1. 정보보안 위협의 증가로 보안 전문가 수요 증가 2. 양질의 교재와 우수한 전문 교육 기관 증가	1. 회사 조직 개편에 따른 업무 부담 증가 가능성 2. 정보보안기사 출제 기준 변경
SWOT 분석 결과에 따른 전략 과제	
[SO 전략: 강점 및 기회 요인 강화 전략] • 학원 수강을 통하여 실무 경험이 풍부한 전문 강사로부터 간접 경험 획득 • 이론 학습과 병행하여 기출 문제 모두 풀어 보기 • 보안 기사 취득 후 업무 영역 확대를 위한 이직 또는 직무 변경(예: 정보보안 리스크 관리 업무) [WT 전략: 약점 및 위협 요인 극복 전략] • 체력 강화를 위한 매일 아침 10분 근력 운동(팔굽혀펴기, 윗몸일으키기, 스쿼트 등) • 파트별 이론 학습 후 문제 풀이를 최소 2세트 이상 반복 • 법규의 경우 전문을 모두 출력하여 출퇴근 시 수시로 읽고, 공부방에도 붙여 놓고 학습 시작 전 5분 간 한 파트씩 읽기	

다음은 정보보안 업무 경험이 없는 취업 준비생의 SWOT 분석 사례이다. 이 경우 좀더 장기적인 관점에서 학습을 준비할 필요가 있으며, 자격증 취득 후 정부 지원 인력 양성 과정 및 공모전, 컨테스트 참여 등을 통하여 경력 포트폴리오를 강화함으로써 취업의 기회를 확대하는 전략을 고려할 수 있다.

▷ 정보보안기사 합격을 위한 SWOT 분석 사례 #2 - 정보보안 업무 경험이 없는 경우

Strength(나의 강점)	Weakness(나의 약점)
1. 새로운 분야에 대한 도전 정신 2. 강인한 체력 3. 정보보안 동아리 활동 경험	1. 정보보안 업무 경험이 전혀 없음 2. 계획 수립 능력이 부족함 3. 자신감 및 추진력이 부족함
Opportunity(외부의 기회요인)	Threat(외부의 위협요인)
1. 취업 준비생 대상 정부 지원 인력 양성 과정 운영(*BoB 과정 등) 2. 양질의 교재와 우수한 전문 교육 기관 증가	1. 어릴 때부터 체계적인 교육을 받은 우수 인력 증가 2. 경기 침체에 따른 취업 경쟁률 증가
SWOT 분석 결과에 따른 전략 과제	
[SO 전략: 강점 및 기회 요인 강화 전략] • 체력적인 강점을 살려 남들보다 더 많은 학습 시간 투자 • 보안기사 취득 후 BoB(차세대 정보보안리더 양성프로그램), **누리캅스(사이버명예경찰) 등 지원을 통해 경력 포트폴리오 강화 [WT 전략: 약점 및 위협 요인 극복 전략] • 필기 과정부터 학원을 수강하여 이해 안 되는 부분은 적극적으로 질문하기 • 친구 또는 동료와 함께 준비하여 서로 이끌어 주기 • 각종 공모전, 콘테스트 참가를 통하여 경험 및 자신감 획득	
*BoB(Best of Best): 한국정보기술연구원이 운영하는 차세대 정보보안리더 양성 프로그램으로 8개월간 보안 전문가들이 멘토가 되어 1:1 밀착형 교육과 실무 프로젝트 수행(지원 대상: IT 분야에 관심과 재능이 있는 고등학생, 대학생, 미취업자; 웹사이트: www.kitribob.kr). **누리캅스: 사이버 공간에서의 불법·유해 정보 모니터링과 신고 활동을 담당하는 사이버명예경찰 제도. 우수 회원인 경우 사이버 분야 경찰 특별채용으로 연계되는 경우도 있음(웹 사이트: www.nuricops.org).	

자, 이제 SWOT 분석을 통해 명확한 목표를 수립하였다면, 책상 앞에 다음과 같은 선언문을 붙이고 합격을 위한 계획을 수립하는 단계로 넘어가도록 하자.

"나, OOO은 탄탄한 정보보안 이론과 실무 경험에 입각하여, 총성 없는 사이버 전장에서 우리나라를 안전하게 지켜낼 수 있는 OOO 분야(예: 악성코드 분석, 보안 관제 등)의 독보적인 전문가가 될 것이다."

2. 계획 수립하기

명확한 목표를 수립하였으면 이제는 목표로 향하는 길에 이정표를 세울 차례이다.

등산을 하는 경우 정상까지 올라가자는 목표만 수립하고 발걸음을 뗀다면 내가 현재 어디까지 올라왔는지 얼마나 더 가야 하는지를 모르기 때문에 중간에 포기의 유혹에 맞닥뜨렸을 때 이겨내기가 어려울 것이다. 반면에, 정상으로 올라가는 길에 어디에 약수터가 있고, 휴게소가 있는지 사전에 확인을 하고 등산 계획을 수립하는 경우에는 목표로 향하는 길이 힘들더라도 중간의 이정표가 든든한 힘이 되어줄 것이다.

그러면 정보보안기사 시험 합격을 위한 이정표는 어떻게 세워야 할까? 크게 다음 2가지 측면에서의 접근이 필요하다.

① 학습 방법 결정하기
② 세부 학습 계획 수립 및 목표일 정하기

먼저, 학습 방법(독학 또는 학원 수강)을 결정해야 한다.

독학으로 하는 경우는 시중에 출시되어 있는 수험서(이론서, 문제 풀이)를 구입해서 자기주도적으로 학습을 해야 한다. 비용이 상대적으로 저렴하지만, 학원처럼 해당 일정에 반드시 수업에 참여해야 한다는 강제성이 없기 때문에 학습 일정 관리가 어려운 단점이 있다.

따라서 철저한 자기 관리가 가능하고, 보안에 대한 업무 경험 및 지식이 있는 경우가 아니면 독학은 바람직하지 않다고 볼 수 있다.

▷ 독학의 장단점 및 자가 진단 체크리스트

장점	단점
1. 비용이 저렴하다.	1. 학습 내용에 대한 이해에 시간이 오래 소요될 수 있다.
2. 학습 일정을 유연하게 가져갈 수 있다.	2. 학습 일정 관리가 어렵다.
3. 시중에 좋은 교재가 많이 출시되어 있다.	3. 현장에 대한 간접 경험 획득이 불가하다.
독학 가능 여부 자가 진단 체크리스트	
1. IT 업무 경험이 1년 이상이다(경력 연수 × 1점).	
2. 정보보안 업무 경험이 1년 이상이다(경력 연수 × 3점).	
3. 자기 관리를 잘 한다(5점).	
4. 독학으로 자격증을 획득한 적이 있다(독학으로 취득한 IT 자격증 수 × 3점).	
5. 6개월 이내에 시험에 합격할 자신이 있다(5점).	

독학 가능 여부 자가 진단 체크리스트를 참고하여 합계 점수가 20점 이상이라면 독학이 가능하다고 볼 수 있지만 그렇지 않다면 학원 수강을 하는 것이 효과적이다.

학원 수강을 하는 경우는 학원에서 정한 일정에 따라 수업에 참석하여 강의를 들어야 하기 때문에 시험 과목을 한 번은 무조건 훑게 되는 장점이 있다. 또한 강의를 들으며 이해가 안되는 부분은 바로 질문을 해서 확인을 할 수 있고, 생생한 현장의 사례를 배울 수 있어 여러모로 학습 효과가 높다. 학원 수강 비용이 부담이 된다면 요즘에는 국비 지원 과정을 운영하는 학원들이 있으니 재정적인 측면에서도 큰 부담 없이 학습할 수 있다.

학원 수강의 경우 강의 방식은 온라인과 오프라인으로 구분된다. 온라인 강의의 경우 학원에 가지 않고 집에서 학습할 수 있다는 장점이 있는 반면, 정해진 기간 내에 학습을 완료하려면 자기 관리를 철저히 할 수 있어야 한다. 그리고 이해가 안 되는 부분에 대하여 질문을 할 수 없다는 단점도 존재한다. 오프라인 강의의 경우 집에서 학원까지 이동하는 시간이 필요하다는 단점이 있지만 학습 일정 관리가 강제적으로 되고 양방향 학습이 가능하다는 장점이 있다.

필기 시험을 대비하는 경우라면 앞서 언급한 자가 진단 체크리스트 결과에 따라 학원 또는 독학으로 학습하고, 실기 시험을 대비하는 경우라면 가급적 학원 수강을 통한 학습 방법을 추천한다.

학습 방법을 결정했으면 이제는 세부적인 학습 계획을 수립하고 목표일을 정하도록 하자.

먼저, 필기 시험을 독학으로 도전하는 경우에 대한 학습 계획 수립 방법이다. 아래 가이드를 참조해서 자신에게 맞게 계획을 수립하자.

- 학습 기간: 최소 3개월(주중: 최소 2시간/일 , 주말: 최소 4시간/일)
- 학습 교재: 서점을 방문하여 자신에게 가장 적합한 학습서 선택
- 학습 Plan: 최소 2회 반복

    ① 과목별 이론 학습: 매일 꾸준히 학습(평일: 15페이지 이상, 휴일: 30페이지 이상)

    ② 과목별 문제 풀이: 과목별 학습 종료 후 2시간 내에 집중해서 풀기

    ③ 기출 문제 2회 차 풀기: 전체 과목 1회 학습 완료 후 1회차 당 2시간 내에 집중해서 풀기

    ④ 오답만 다시 풀기: 1주일 동안 과목별 문제와 기출 문제에서 오답만 다시 풀어보기

    ⑤ ①~④)까지 Cycle 반복하기: 두 번째 반복은 6주 내에 완료하기

학원 수강을 하는 경우는 통상 필기 시험일에 맞춰 강의 일정이 잡히기 때문에, 학원의 일정을 그대로 따라가도록 하되, 강의가 없는 주중에는 강의 내용 복습과 문제 풀이를 하는 방식으로 학습을 하면 된다.

필기 시험을 치르고 나면 통상 합격자 발표는 약 3주 후에 있고, 실기 시험은 2달 후에 치러지므로 합격자 발표를 기다리지 말고 실기 시험 준비를 해야 한다. 실기 시험 준비를 2달 내에 완료하는 것이 상당히 빠듯하게 느껴지겠지만, 그 다음 실기 시험이 6개월 뒤에 있는 걸 감안하면 필기 시험을 준비하며 머릿속에 남아 있는 지식이 증발하기 전에 학습의 고삐를 당기는 것이 좋다.

실기 시험은 가급적 학원 수강을 하는 것을 추천하지만 불가피한 사정으로 학원 수강이 여의치 않는 경우는 2달 내에 이론 학습 및 문제 풀이를 최소 2회 완료하는 것을 목표로 학습을 해야 한다. 반면, 학원 수강을 하는 경우 실기 시험일에 맞춰 강의 일정이 잡히므로, 학원의 일정에 따라 수업을 듣고, 수업이 없는 주중에는 강의 내용 복습과 문제 풀이를 통해 학습을 하면 된다.

주의해야 할 사항은 강의가 있는 주말에만 학원에 가서 수업을 듣는 것이 끝이 아니라는 것이다. 학원을 다니는 목적은 학습의 방향성을 잡고, 실무에서의 이슈, 현장의 프랙티스에 대해 간접 경험을 하고, 수강생들과 학습 정보 및 경험을 공유하고, 학습에 대한 동기를 부여받는 것이다. 즉, 학원 수업이 없는 주중에는 학원 강의 내용을 복습하고, 직접 실습도 해보고, 문제 풀이를 통해 제대로 숙지를 했는지 점검하는 시간을 갖도록 계획을 수립해야 한다.

3. 시간 관리하기

학습 계획을 수립했으면, 이제는 계획대로 실행할 수 있도록 시간 관리가 필요하다.

아무리 계획을 잘 수립했어도, 일상 생활을 하다 보면 계획에 없는 다른 일들이 발생하게 되는데, 그러한 일들을 처리하다 보면 계획했던 학습 진도를 맞추지 못하는 경우가 반드시 생긴다.

이와 같이 일상에서 맞닥뜨리는 다른 일들을 처리하면서도 학습 진도를 맞추려면 다음 2가지 사항에 유의하여 체계적인 시간 관리를 해야 한다.

① 일일/주간 계획과 보안기사 학습 목표 연계(우선순위 관리)
② 일일/주간/월간 성과 평가

앞 장에서 필기 시험 학습 계획 수립 시 3개월 기간 동안, 매일 2시간 이상의 학습 시간 할애가 필요하다고 가이드한 바 있다. 이렇게 매일 2시간 이상의 학습을 하기로 했다면, 무슨 일이 있더라도 시간을 만들어서 학습을 해야 한다. 하루, 이틀 정도면 괜찮겠지 하고 넘어가다 보면, 밀린 학습 분량이 쌓이게 되고, 결국은 감당할 수 없는 수준이 될 뿐만 아니라, 시험 전날 뼈저리게 후회하는 상황을 마주할 수 밖에 없게 된다. 그러면 어떻게 해야 계획했던 대로 2시간의 학습 시간 목표를 달성할 수 있을까?

먼저, 일상에서의 일일/주간 계획과 보안기사 학습 목표가 연계되도록 우선순위를 효과적으로 관리해야 한다. 이를 위한 첫 번째 단계로 일의 중요성과 긴급성을 기준으로 아이젠하워가 제시한 시간 관리 매트릭스를 소개하고자 한다.

▷ 아이젠하워의 시간 관리 매트릭스

구분	긴급함	긴급하지 않음
중요함	I. 급하고 중요한 일 • 독감 치료 위해 병원가기 • 오늘까지 제출해야 하는 보고서	II. 급하지 않지만 중요한 일 • 자기 계발(영어, 자격증 공부 등) • 운동, 중장기 계획 수립하기
중요하지 않음	III. 급하지만 중요하지 않은 일 • 핸드폰 벨 소리 • 동료 또는 친구의 급한 부탁	IV. 급하지도 중요하지도 않은 일 • 휴대폰 게임, 가십 뉴스 읽기 • TV 보기, 홈쇼핑하기

스티븐 코비는 〈성공하는 사람들의 7가지 습관〉에서 사람들은 자기 시간의 90%를 I사분면에, 나머지 10%는 IV사분면에 투입하고, II사분면과 III사분면에 속하는 활동에는 시간을 거의 쓰지 않는다고 말하고 있다.

특히, I사분면에 속하는 일이라고 생각하지만 사실은 III사분면에 해당하는 급한 것 같지만 중요하지 않은 일에 자기 시간의 대부분을 투입하는 사람도 많다고 한다. 동료 또는 친구의 부탁을 급하다고 판단하여 우선순위를 앞에 두고 처리하는 것은 다른 사람의 우선순위와 기대에 근거하여 일을 처리하는 것이라고 볼 수 있다.

반면, 성공하는 사람들은 III사분면과 IV사분면에 해당하는 일에 시간 투입을 삼가고, II사분면에 속하는 일에 더 많은 시간을 투입한다고 한다. 왜냐하면 II사분면에 속하는 일들은 나의 미래 가치를 높이는 일이기 때문이다. 당장 처리하지 않더라도 큰일이 나거나, 누군가 나에게 아우성치지 않는다. 그러나 나머지 사분면의 일을 처리하느라 방치될수록 미래의 기회는 줄어들고, 문제의 근본 원인이 해결되지 않은 채 눈덩이처럼 커져 호미로 막을 수 있는 일을 가래로도 막지 못할 사태에 직면할 수 있다.

정보보안기사 자격증 취득은 II사분면에 속하는 나의 미래 가치를 증가시키는 중요한 일이다. 그러나 나의 외부에서 아우성치는 남의 입장에서 중요하고 급한 일을 처리하는 데에만 귀를 기울인다면, 보안기사 자격증 취득은 영원히 계획으로만 남을 것이다.

매리어트인터내셔널 회장인 빌 매리어트는 "실패는 디테일에서 나오고, 성공은 시스템에서 결정된다"라고 이야기했다. 즉, 성공하려면 실패하지 않도록 디테일을 관리할 수 있는 시스템이 필요하다.

따라서 II사분면에 속하는 일에도 귀를 기울일 수 있도록 나에게 지속적으로 아우성치는 시간 관리 시스템이 필요하다. 다음 5가지 사항을 참고하여 보안기사 시험에도 합격하고 성공하는 인생을 위한 나만의 시간 관리 시스템을 꼭 갖기를 바란다.

① 시간 관리 도구(Planner) 선택하기
② 연간/월간/주간 계획 수립하기
③ 해야 할일의 우선순위 정하기
④ 우선순위에 따라 시간 배정하기
⑤ 일일/주간/월간 성과 평가하기

시간 관리 도구(Planner) 선택하기

시간 관리 도구는 연간/월간/주간 계획을 수립하고 일 단위로 일정을 관리할 수 있는 플래너를 의미하며, 디지털 형태와 아날로그 형태로 구분된다. 디지털 플래너는 컴퓨터나 스마트폰에 SW 형태로 설치되어 전자적으로 관리할 수 있고, 편집이 자유로운 장점이 있으나 사용 공간의 제약이 있고 가시성이 떨어지는 단점이 있다. 반면 아날로그 플래너는 펜으로 작성하고, 편집이 불편한 단점이 있으나, 공간의 제약이 없어 어디에서나 사용 가능하며 가시성이 우수한 장점이 있다.

▷ 디지털 플래너와 아날로그 플래너 비교

구분	디지털 플래너	아날로그 플래너
장단점	• 전자적으로 관리 가능하고 편집이 자유로움 • 사용 공간의 제약 및 가시성이 떨어짐	• 사용 공간의 제약이 없고 가시성이 우수함 • 펜으로 작성하고 편집이 불편함
예시	• 에버노트, 네이버 캘린더 등	• 프랭클린 플래너, 3P 바인더 등

선택은 본인의 취향에 따라 하면 되겠지만, 아날로그 플래너를 추천한다. 아날로그 플래너는 월별, 주별 계획 및 진행 상황을 한 눈에 펼쳐서 관리할 수 있다는 점에서 가시성이 우수하고, 장소와 공간의 제약을 받지 않으며, 직접 자필로 작성하므로 긴장감을 불어 넣어준다는 장점이 있다. 필자의 경우 2016년부터 3P 바인더를 이용하여 일정 관리를 하고 있는데, 개인 목표, 업무 목표를 달성하는 데 큰 도움이 되고 있다. 여러분들이 읽고 있는 이 책도 바인더의 작품이다. 3P 바인더의 활용 방법에 대한 자세한 설명은 〈성과를 지배하는 바인더의 힘, 강규형 지음〉을 참조하기 바란다.

연간/월간/주간 계획 수립하기

시간 관리 도구를 선택했다면, 이제는 연간/월간/주간 계획을 수립하여 기록하도록 하자.

연간 계획에는 "정보보안기사 자격증 취득"이라는 목표를 기록하고, 시간 계획에 합격을 목표로 하는 회차의 필기 시험일자와 실기 시험일자를 기록한다. 그리고 실천 내용에는 시험일까지 남은 일자와 학습 분량을 고려하여 하루에 몇 시간 정도의 학습을 해야 할지를 산정하여 기록한다.

▶ 연간 계획 예시

영역	목표	실천 내용	시간 계획
자기계발	☐ 보안기사 자격증 취득	• 평일 2시간 학습 • 주말 학원 수강	• 필기: 19년 9월 7일 (D-90일) • 실기: 19년 11월 9일 (D-150일)

월간 계획에는 해당 월에 완료해야 할 학습 범위를 산정하여 월간 목표란에 기록하고, 학습 범위 중 과목별 학습 시작 일자와 완료 일자를 캘린더에 기록한다.

▶ 월간 계획 예시

☐ 월간 목표: 필기 이론 교재 1회 학습(총 700P 중 500P 완료, 평일 15P, 휴일 30P)						
일	월	화	수	목	금	토
30	1 시스템 보안 시작	2	3	4	5	6
7	8	9 시스템 보안 완료(150P)	10 시스템 보안 문제 풀이	11 NW 보안 시작	12	13
14	15	16	17	18	19	20 NW 보안 완료(350P)
21 NW 보안 문제 풀이	22 APP 보안 시작	23	24	25	26	27 APP 보안 완료(450P)
28 APP 보안 문제 풀이	29 정보보안 일반 시작	30	31	1	2	3

주간 계획은 앞서 수립한 월간 계획을 주 단위로 끊어서 관리함으로써 목표 달성의 긴장감을 불어넣기 위하여 필요하다. 월간 계획만 수립하는 경우 한달이라는 시간이 상대적으로 길게 느껴지기 때문에 월의 마지막 주에 몰아서 벼락치기를 하게 될 가능성이 크다. 따라서 주간 계획의 경우 목표는 주 단위로 수립하되 관리는 일 단위로 해야 밀리지 않고 목표 달성이 가능하다.

아래 예시와 같이 주간 목표는 전반부와 후반부로 끊어서 관리하고, 일별로 To-Do 리스트를 작성하고, 시간 계획도 수립하자. 주간 목표 수립은 일요일 저녁에, 일별 To-Do 리스트와 시간 계획은 전날 밤 또는 늦어도 아침 일과 시작 전에 작성하는 것이 바람직하다.

▶ 주간 계획 예시

주간 목표(전반): □시스템 보안(~45P) *나는 반드시 9월 7일 보안기사 필기 시험에 합격 한다!!			주간 목표(후반): □시스템 보안(~135P)			
1(월)	2(화)	3(수)	4(목)	5(금)	6(토)	7(일)
To-Do □ (개인)시스템 보안(~15P) □ (업무)보고서 초안 작성 □ (업무)부서 주간 회의						
시간 계획 6~7: 보안 기사 학습 9~19: 회사 업무 22~24: 보안 기사 학습						

해야 할일의 우선순위 정하기 / 우선순위에 따라 시간 배정하기

앞서 설명한 것처럼, 아이젠하워의 시간 관리 매트릭스에서 정보보안기사 시험 준비는 중요하지만 긴급하지는 않은 II사분면에 해당하는 일이다. 그러나 시간 관리 도구를 사용하여 연간/월간/주간 계획을 수립하고 관리를 하면 시간 관리 도구가 정보보안기사 학습에 우선순위를 두고 실행을 하게끔 지속적으로 아우성치기 때문에 목표를 달성할 가능성이 아주 높아진다.

연간/월간/주간 계획을 수립할 때에는 보안기사 시험 준비 일정을 고려하여 휴가, 가족 대소사(예: 생일, 결혼, 돌잔치) 등의 일자를 정하도록 하자. 일별 시간 계획을 수립할 때에도 보안기사 학습이 우선순위에서 밀리지 않도록 시간 배정을 하자. 이렇게, 우선순위에 기반하여 체계적인 시간 계획을 세우면 외부의 아우성에도 흔들리지 않고 시험 준비에 전력을 기울일 수 있다.

위와 같이 계획에 따라 하루의 일과를 처리하고 있는데 갑자기 긴급한 일이 발생하면 어떻게 해야 할까? 이러한 경우에도, 이미 나의 우선순위에서 보안기사는 매일 수행해야 할 중요한 일이고, 해야 할 시간까지 정해 놓았기 때문에 유연하게 대응 가능하다. 갑작스런 부서 회식이 잡힌 경우라면 22시에 보안기사 학습을 해야 하기 때문에 음주량과 귀가 시간을 최대한 조정하면 된다. 만약, 우선순위를 고려한 시간 계획이 수립되지 않았다면 부서 회식이 그날 밤의 우선순위가 되어 공부는 다음날로 미루어질 가능성이 매우 크다. 그렇게 되면 나의 미래 가치를 높이기 위한 일에 시간 투자를 하는 것은 우선순위에서 영원히 밀릴 것이다.

일일/주간/월간 성과 평가하기

계획을 세우고 실행하는 것에 못지않게 중요한 것은 성과를 평가하는 것이다. 성과를 평가하지 않는다면 어디까지 진행되었는지 알 수 없고, 계획대로 진행되지 않은 경우 무엇이 문제고 어떻게 개선해야 할지를 알 수 없게 된다.

앞서 설명한 연간/월간/주간 계획 수립 예시를 자세히 보면 목표 앞에 □가 바로 성과 평가를 위한 용도로 사용된다. 수립한 목표를 계획에 따라 잘 수행하고 있는지를 주기적으로 체크해야 한다. 일일 계획의 경우 최소한 점심 식사 후 한번, 오후 시간 중간에 한번, 업무 마감하기 전에 한번, 집에 돌아와서 잠자기 전 한번은 오늘 계획한 목표를 달성했는지 평가하자. 목표대로 완료했다면 □ 안에 X라고 표기하면 된다. 진행 중이라면 /, 불가피하게 연기해야 한다면 →와 같이 표기한다. 주간 계획은 수요일에 한번, 주말에 한번 평가하고, 월간 계획은 매월 말에, 연간 계획은 분기별로 한번씩 평가하는 시간을 갖도록 하자.

이렇게 성과를 주기적으로 평가함으로써 중요하지 않은 일들의 틈바구니에서 나의 미래 가치를 올릴 수 있는 중요한 일들이 우선순위에서 밀려나지 않고 처리될 수 있다.

보안기사 시험 합격을 통해 내가 달성하고자 하는 궁극적인 목표가 무엇인지 잊지 말자.

"나, OOO은 탄탄한 정보보안 이론과 실무 경험에 입각하여 총성 없는 사이버 전장에서 우리나라를 안전하게 지킬 수 있는 OOO 분야(예: 악성코드 분석, 보안 관제 등)의 독보적인 전문가가 될 것이다."

4. 습관 관리하기

시간 관리 도구를 이용하여 학습 계획을 수립하고 성과 평가를 통해 관리하기 시작했다면 7부 능선은 넘었다고 볼 수 있다. 그러나 어떻게 하는지 아는 것과 행동으로 옮기는 것은 완전히 다른 차원의 문제이다. 로봇이라면 프로그램한 대로 한 치의 오차도 없이 실행이 가능하겠지만 인간은 이성 외에 감성의 지배를 받는 동물이다. 따라서 플래너를 사용하여 계획을 수립하고 시간에 맞춰 실행하고 성과를 지속적으로 평가한다는 것은 말처럼 쉬운 일은 아니다.

반면, 우리가 매일 아침 잠에서 깨어 세수하고 양치하고 때가 되면 밥을 먹는 것은 누가 시켜서도 아니고 시간 관리 도구를 통해 관리를 하기 때문도 아니다. 그냥 나의 몸에 밴 습관인 것이다. 이렇게, 한번 습관으로 굳어진 행동은 쉽게 버리기도 어렵다. 말할 때마다 눈을 깜빡이거나, "에", "어" 같은 특정 단어가 들어간다거나, 혀를 내미는 것처럼 나쁜 습관의 경우 하지 말아야 겠다고 생각하면서도 고치는 것은 무척이나 어렵다. 습관의 힘은 이처럼 무서운 것이다.

바꿔 말하면, 시간 관리 도구를 사용하고 공부하는 것을 습관으로 만들 수 있다면 어느 누구와도 겨뤄볼 수 있는 강력한 무기를 가지게 되는 것이다.

단순히, 보안기사 합격만이 아니라 인생에서의 성공을 위해 실천하면 좋은 습관에 대해서 추가적으로 이야기하고자 한다.

나만의 루틴 만들기

팀 페리스는 월드 클래스에 오른 200명의 성공한 사람들을 만나 인터뷰한 내용을 바탕으로 〈타이탄의 도구들〉이라는 책을 집필했다. 여기서, 그는 승리하는 아침을 만들기 위해 타이탄들이 습관처럼 행하는 5가지 의식을 소개하고 있다.

① 잠자리 정리하기(3분)
② 명상하기(10분)
③ 한 동작(예:팔굽혀 펴기) 5~10회 반복하기(1분)
④ 차 마시기(2~3분)
⑤ 아침 일기 쓰기(5~10분)

여기서 중요한 것은 위에서 언급한 5가지 의식을 똑같이 하는 것이 아니라, 뭔가 해냈다는 성취감을 느끼며 하루를 시작할 수 있도록 만들어 주는 나만의 작은 습관을 가지는 것이다. 즉 달성하기 힘든 거창한 습관이 아니라, 나의 온전한 통제하에 쉽게 달성할 수 있는 것이어야만 한다. 아침에 일어나서 행하는 첫 번째 의식을 달성했다는 성취감이 나비 효과가 되어 두 번째, 세 번째 의식을 달성하게 만들어 주고, 나아가 나머지 하루의 계획을 달성할 수 있다는 자신감을 심어주게 된다.

내가 일어나서 할 수 있는 가장 쉬운 첫 번째 의식이 무엇인지 한번 생각해 보자. 기지개를 펴며 "나는 할 수 있다"라고 맘속으로 세 번 외치는 것이 될 수도 있고, 위대한 타이탄들처럼 잠자리 정리하기를 해도 된다. 첫 번째 의식을 절대 실패할 수 없는 가장 쉬운 것으로 선택을 했다면 나머지 아침 의식 중 하나에는 현재 내게 가장 중요한 목표를 달성할 수 있도록 응원해 줄 수 있는 의식을 반드시 포함하도록 하자. "나는 올해 반드시 정보보안기사 시험에 합격한다. 그러기 위해 오늘 하루 시스템 보안 교재 15페이지까지 꼭 학습하자"라고, 아침 일기에 다짐의 메시지를 쓰는 것을 강력하게 추천한다. 아침 일기는 5분 내에 작성할 수 있는 3~4줄의 짧은 분량이면 충분하며, 주제는 오늘 기대되는 일, 다짐, 감사하게 생각하는 것들로 정하면 된다.

이제, 타이탄들의 아침 의식을 참고하여 나만의 아침 습관을 만들어 보자. 그리고 일주일만 눈 딱 감고 실천해 보자. 일주일이라는 목표를 달성했다면 기간을 늘려 한 달에 도전하자. 한 달 동안 매일 아침 의식을 성공적으로 완료했다면, 이 전의 어떤 한 달보다도 보람되고 성취감 높은 한 달이 되었을 것이다. 즉, 성공을 위한 나만의 루틴이 만들어진 것이다.

아침 습관을 만들어 놓고 지키지 못할 것에 대한 걱정은 하지 말고, 일단 실행해 옮기도록 하자. 개수도 꼭 5개일 필요는 없고 3개 정도만 해도 충분하다. 좋은 소식은 타이탄들도 5가지 의식을 모두 수행하는 날은 1년 중 30퍼센트에 불과하다고 한다. 중요한 점은 매일 반드시 최소한 한 가지 의식은 실천을 한다는 것이다.

나만의 아침 루틴을 만들어 실천한다면 보안기사 합격은 당연한 일이 될 것이고, 인생에서의 성공에 대한 기준도 상향 조정될 것이다.

행동 계기 만들기

매일 아침 나만의 루틴을 만들어 실천하기, 퇴근 후에 보안기사 공부하기, 잠자기 전에 하루의 성과를 평가하기, 플래너를 통해 일정 관리하기, 체력을 관리하기 위하여 일주일에 세 번 운동하기 등과 같은 습관을 만들기 위해서는 반드시 행동이 수반되어야 한다. 그러나 대부분의 경우 행동으로 옮기고, 습관으로 만들기 위한 과정은 결코 순탄하지 않다.

이에 대하여 최고의 소식 행동론 전문가로 불리는 칩 히스, 댄 히스 형제가 집필한 〈스위치〉에서는 특정한 상황적 계기와 마주쳤을 때 특정한 행동을 하기로 결심하는 행동 계기가 행동에 동기를 부여하는 데 큰 효과가 있다고 말한다. 예를 들어 아침에 운동하러 헬스장에 가는 것을 계속 미루고 있는 전업 주부의 경우 행동 계기는 다음과 같다. "내일 아침 딸아이를 학교에 데려다 주고 나서 바로 헬스장에 운동하러 가야지."

즉, 내가 반드시 해야만 하는 특정한 행동(내일 아침 딸아이를 학교에 데려다 주기)은 다음 행동(헬스장에 운동하러 가기)을 유발하는 계기가 된다는 것이다. 이에 따라 내가 목표로 하는 행동을 할까 말까 망설일 가능성을 줄이고, 실천할 수 있도록 동기를 부여하는 데 큰 영향력을 발휘한다고 한다.

따라서 아침에 일어나서 맨 처음 하는 행동은 다른 행동의 계기가 되기 때문에 가장 중요하고 무조건 할 수 밖에 없는 것이어야 한다. 아침에 일어나서 세수하고 냉수 한잔 마시기는 누구나 쉽게 할 수 있는 일이다. 만약 아침 일기 쓰기를 습관으로 가져가고 싶다면 "아침에 일어나서 세수하고 냉수 한잔 마시고 나면 바로 책상에 앉아서 딱 5분만 아침 일기를 쓰도록 하자"와 같이 행동 계기를 만들면 어떨까? 또한 일일 계획에 대한 성과 평가를 하루에 3번 하는 습관을 들이고 싶다면 다음과 같은 행동 계기를 설정하도록 하자. "점심 식사를 하고 나서 자리에 앉으면 오전의 성과를 평가하고, 오후 3시가 되면 잠깐 휴식을 하고 난 후 오후 중간 평가를 하자. 그리고 퇴근하기 전 5분간 하루를 마감하는 성과 평가를 하자."

이상과 같이 나만의 행동 계기 만들기를 잘 활용한다면 성공 습관이 자연스럽게 몸에 밸 수 있을 것이다.

5. 열정 관리하기

나폴레온 힐은 <성공의 법칙>에서 우리는 항상 시간과의 바둑을 두고 있으며 항상 시간보다 빨리 움직여야 한다고 말하고 있다. 빠른 결정으로 바둑알을 움직이면 시간은 우리 편이 될 것이지만, 그렇지 않고 그 자리에 머물러 있다면 시간은 바둑알을 모두 쓸어가 버린다는 것이다.

결단과 행동력이 중요하다는 의미인데, 무엇을 할지 결정하고 행동으로 옮기는 것은 어렵지 않게 시작할 수 있다. 그러나 초심을 유지하며 목표를 달성할 때까지 흔들리지 않은 행동력을 유지하는 것은 매우 어렵다.

나폴레온 힐이 예를 든 시간과의 바둑에 비유하자면 초반에 바둑돌을 놓는 것은 어렵지 않다. 그러나 시간이 지나며 신경 써야 할 바둑 돌 개수가 늘어나면 빠른 결정으로 바둑알을 놓는 것이 점점 어렵게 된다.

바둑책을 통해 배운 대로 바둑알을 두는 것이 맞는지에 대한 확신도 떨어진다. 바로 이때, "그렇게 두는 것이 맞아. 자신감을 가지고 집중해서 두면 이길 수 있어"라고 옆에서 누가 이야기해 준다면 심기일전하여 처음에 가졌던 열정을 되찾을 수 있다.

성공한 사람들의 스토리 읽기

초심이 약해지려고 할 때 조언을 받을 수 있는 가장 쉬운 수단은 단연코 책이라고 말하고 싶다. 책은 가장 저렴한 비용으로 저자의 경험과 지식을 얻을 수 있는 방법이다. 성공한 사람의 자서전도 좋고, 성공한 사람들의 노하우가 집약된 자기 계발서도 좋다.

처음에 품었던 결단력과 행동력이 약해지려 할 때 책에서 저자가 말하는 한마디는 이미 알고 있는 내용일지라도 초심을 되찾을 수 있도록 이끌어주는 희망의 손길이 된다.

동양그룹 부회장을 역임한 구자홍의 <일단 저질러봐>에는 삶을 마무리할 나이에 외국어를 배우기 시작한 노인이 쓴 시 <어느 95세 어른의 수기>의 내용이 소개되어 있다. 그 노인은 63세에 퇴직을 하며 앞으로 살 날이 많지 않다고 생각하여 특별한 계획을 세우지 않았다. 그렇게 아무것도 하지 않은 채 32년의 시간이 흐르고 나서야 퇴직 후 아무런 계획을 세우지 않은 것을 후회하게 되었다. 그가 95세에 외국어를 배우는 까닭은 "10년이 지난 105세에 지금처럼 후회하지 않기 위해서"라는 것이었다.

> 연탄재 함부로 발로 차지 마라.
> 너는
> 누구에게 한 번이라도 뜨거운 사람이었느냐?

안도현의 〈너에게 묻는다〉라는 시의 내용이다. 구본형의 〈그대 스스로를 고용하라〉에서는 위의 시를 인용하며, 다음과 같이 답가를 보내고 있다. 그는, 스스로가 게을러졌다고 여길 때마다 이 시를 떠올리면 정신이 번쩍 난다고 한다.

> 그러므로 또 이렇게 물어보라.
> 한번이라도 나는 자신에게 뜨거운 적이 있었는가?
> 앞으로 한 번은 스스로에게 그런 기회를 줄 것인가?
> 그것은 언제인가?

위에 언급된 95세 노인의 시와 〈너에게 묻는다〉에 대한 답가를 읽고 나면 가슴속 깊은 곳에서 뜨거운 열정이 솟아 오르는 것이 느껴지지 않는가? 보안기사 자격증을 꼭 취득하고야 말겠다는 의지의 불꽃이 활활 타오를 것이다. 이것이 바로 독서의 힘이다.

게을러지고 포기하고 싶을 때 읽으면 도움이 되는 책으로, 구자홍의 〈일단 저질러봐〉, 구본형의 〈그대 스스로를 고용하라〉, 임원화의 〈스물아홉, 직장밖으로 행군하다〉, 스티븐 코비의 〈성공하는 사람들의 7가지 습관〉, 팀 페리스의 〈타이탄의 도구들〉, 칩 히스와 댄 히스의 〈스위치〉, 나폴레온 힐의 〈성공의 법칙〉을 추천한다.

동료 또는 멘토 활용하기

"굳건한 의지를 바탕으로 열정을 다하여 노력하면 누구나 원하는 목표를 달성할 수 있다"라는 말에 대하여 대부분 수긍할 것이다. 그러나 치열한 노력을 통해 성공을 거둔 사람들의 이면을 들여다보면 절대로 간과해서는 안될 중요한 성공의 조력자가 있음을 알 수 있다.

"세계적인 독일의 슈투트가르트 발레단에 최초의 아시아인이자 최연소로 입단, 아시아 최초의 종신 단원 자격으로서 은퇴, 뼈가 튀어나오고 굳은 살이 박히도록 연습한 발" 하면 누구나 발레리나 강수진을 떠올릴 것이다. 우리는 강수진의 밉상스런 발 사진을 떠올리며 독하고 치열하게 연습한 강수진의 노력에 경의를 표하게 된다. 그러나 강수진이 이렇게 치열한 노력을 하도록 이끌어준 스승 마리카 베소브라소바가 없었다면 강수진의 인생은 180도 달라졌을 것이다.

신예 발레리나들을 아시아에서 발굴하려 했던 스승이 있었기에 제자로서 발탁이 되었고, 유학 시절 극심한 향수병으로 발레를 그만두려 했을 때 자신의 집으로 데려가 예절 교육과 트레이닝을 시키며 제2의 엄마 노릇을 했던 스승의 정성으로 성격과 매너를 고칠 수 있었고, 언어도 열심히 공부하여 4개 국어를 현지인 수준으로 구사하게 되었다고 한다. 즉, 스승 베소브라소바의 멘토로서의 조력이 있었기에 지금 우리가 알고 있는 세계 최고의 발레리나 강수진이 존재할 수 있었다는 사실이다.

주니어 시절에 성인도 하기 어렵다는 트리플 악셀을 성공하며 우승을 차지한 일본을 대표하는 피겨스케이팅 선수 아사다 마오. 2012년 밴쿠버 동계 올림픽에서 세계 신기록을 수립하며 한국인 최초로 피겨 스케이팅 금메달을 획득한 피겨 여왕 김연아. 두 선수가 경쟁자로서 존재하지 않았다면 피겨 스케이팅의 역사는 다르게 쓰였을 수도 있다고 생각한다. 아사다 마오에게 김연아는 넘어서고야 말겠다는 목표였으며 김연아에게 아사다 마오는 절대로 양보할 수 없는 경쟁자였다. 즉, 동갑내기 피겨 스케이팅 동료이자 경쟁자로서 두 사람이 존재했기 때문에 타성에 젖지 않고 더 피나는 노력을 통해 피겨 스케이팅의 역사를 써 내려간 것이라고 말할 수 있다.

나폴레온 힐의 〈성공의 법칙〉에서도 성공을 위한 협력적인 노력의 중요성에 대하여 다음과 같이 말하고 있다. "인생의 성공은 협력적인 노력 없이는 거둘 수 없다. 독자적으로 노력을 한다고 해서 성공을 거둘 수는 없는 것이다", "반면, 불행이란 이를 무시하는 사람, 자기중심주의에 물들어 있는 사람, 의지가 약한 사람에게 온다."

보안기사 자격을 취득하기 위하여 공부를 하는 경우에도 동일한 원칙이 적용된다. 학교 친구, 직장의 동료와 함께 공부를 하는 것이 나태해지거나 포기하고자 하는 유혹을 물리칠 수 있는 자극제가 된다. 학원을 수강하는 이유도 강의를 듣고 지식을 더 잘 이해하기 위한 목적도 있겠지만 주말에 피곤한 몸을 이끌고 나와 강의에 집중하는 동료 수강생들을 보며 경쟁심이 유발되어 공부를 더 열심히 하는 동기부여 효과가 더 크다고 생각한다.

학원 강사의 경우도 단순한 지식의 전달자 역할보다는 수강생들이 올바른 방향으로 학습할 수 있도록 가이드하고, 애로사항에 대해 진심 어린 조언을 할 수 있고, 포기하지 않고 끝까지 학습할 수 있도록 이끌어주는 멘토로서의 역할이 더 중요하다.

혼자만의 노력으로 보안기사 합격이 불가능하다고 말하는 것은 절대 아니다. 다만, 선의의 경쟁자로서의 동료와 어두운 바다의 등대가 되어 주는 멘토를 곁에 눈다면 성공의 가능성은 더욱 높아질 것이며 성공 이후 다음 목표로 향하는 길은 훨씬 순탄할 것이다.

보안기사 시험 합격을 통해 내가 달성하고자 하는 궁극적인 목표를 생생하게 그려보자. 그리고, 내 주위의 동료와 멘토를 적극적으로 활용할 방법을 다시 한번 생각해 보기 바란다.

"나, OOO은 탄탄한 정보보안 이론과 실무 경험에 입각하여 총성 없는 사이버 전장에서 우리나라를 안전하게 지킬 수 있는 OOO 분야(예: 악성코드 분석, 보안 관제 등)의 독보적인 전문가가 될 것이다."

6. 지속성 관리하기

보안기사 자격 취득을 발판으로 정보보안 전문가가 되겠다는 중점 목표를 달성하려면 계획이 필요하며 이를 우선순위로 관리하기 위한 시간 관리 시스템을 활용해야 한다. 또한, 공부와 시간 관리는 일회성이 아닌 자연스럽게 몸에 밴 습관이 되어야 하며, 초심을 잃지 않기 위해 독서, 동료, 멘토가 필요하다는 것을 앞에서 이야기했다.

마지막으로 이 모든 과정이 단편적인 점들로 존재하지 않고, 성공의 원으로 연결되기 위해 필요한 지속성 관리에 대하여 이야기하고자 한다.

목표 공표하기

필자는 2008년 11월 기술사 학습을 시작하여 2009년 8월 시험에 합격했다. 만 10개월이라는 단기간에 합격을 한 셈이다. 단기 합격을 한 요인은 여러 가지가 있겠지만 연초에 회사 동호회 게시판에 신년 목표의 하나로 기술사 시험 합격을 동호회 멤버들 앞에 공표한 것이 가장 중요한 요인 중 하나였다고 생각한다.

이렇게 목표를 공표하면 일단 시작할 수밖에 없고 시작한 후에도 쉽게 포기할 수 없다. 동호회 멤버들이 "기술사 시험 도전 잘 되고 있나?"라고 물어봤을 때 최소한 "응, 올해 8월 시험 보려고 열심히 공부하고 있어"라고는 대답해야 할 테니까 말이다.

2018년 초에는 정보보안기사 시험에 도전하겠다는 목표를 세우고, 회사 동료들과 홀인원 기술사회 멤버들 앞에서 공표했다. 공표를 하고 나니 물릴 수가 없었고 그 해 3월 필기 시험과 5월 실기 시험에 동차 합격이라는 결과로 돌아왔다.

2019년 초에는 ISMS-P 인증 심사원 자격 취득과 책 집필을 하겠다는 목표를 세우고 회사 및 기술사 동료들 외에도 개인 블로그를 통해 공표했다. 역시 결과는 5월에 ISMS-P 인증 심사원 자격을 취득했고, 이렇게 책이 출판되어 여러분들이 지금 읽고 있으니 목표를 달성했다.

혹시라도 "나 혼자만 몰래 공부해서 합격한 후 사람들을 놀라게 해 줘야지"라고 생각하고 있다면, 지금이라도 늦지 않았으니 주위의 지인들에게 보안기사 시험 도전을 공표해 보자. 아마도 지금보다 학습의 추진 동력이 배가 될 수 있을 것이다.

작은 성공 만들기

보안기사는 합격률이 10% 내외이고, 평균 1년 이상 공부가 필요한 난이도가 높은 자격증이다. 또한 1년에 시험이 두 번 밖에 없기 때문에 시험 합격이라는 이정표를 세우고 달려가다 보면 금방 지친다. 겨우 달려왔는데 시험에서 떨어지면 상실감은 더 클 수밖에 없다. 이럴 때 필요한 건 시험 합격이라는 이정표 앞에 작은 이정표 몇 개를 더 세우는 것이다.

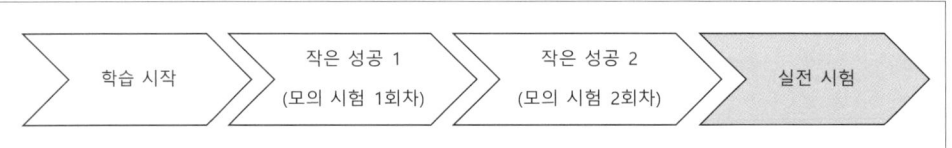

즉, 최종 목표는 실전 시험 합격이지만 중간에 모의 시험이라는 중간 목표를 설정하도록 하자.

필기 시험의 경우 준비 기간을 3개월이라고 했을 때, 다음과 같이 일정을 수립할 수 있다.

① 필기 이론 학습 1회: 6주 내에 학습 완료
② 모의 시험 1회: 60점 이상 획득 목표(작은 성공 1)
③ 필기 이론 학습 2회: 6주 내에 반복 학습 완료
④ 모의 시험 2회: 60점 이상 획득 목표(작은 성공 2)
⑤ 실전 시험 응시: 합격 목표(최종 목표)

이와 같이, 중간 목표를 설정하면 6주 뒤에 계획된 모의 시험에서 합격 점수를 받기 위해 더욱 더 집중력 있게 이론 학습이 가능하게 된다. 모의 시험은 실전과 동일하게 시간을 재고 풀고, 첫 번째 모의 시험 채점 결과 60점이 넘지 않더라도 실망할 필요가 없다. 왜냐하면 모의 시험은 중간 점검 과정이며, 내가 어느 파트에 강점과 약점이 있는지를 객관적으로 파악할 수 있는 좋은 기회이기 때문이다. 부족한 부분이 파악되었다면 필기 이론 학습 2회차 때에는 부족한 부분을 좀 더 중점적으로 학습하면 된다. 참고로, 모의 시험은 시중에 있는 교재의 기출 문제집을 활용하거나, 학원에서 치러지는 시험에 응시하면 된다.

그렇게 되면 두 번째 모의 시험에서는 첫 번째 시험보다 점수가 더 잘 나올 확률이 높아진다. 만약 두 번째 모의 시험에서도 합격 점수가 나오지 않는다면 부족한 부분에 대하여 중점적으로 학습을 하고, 오답 문제만 다시 풀어보는 방식으로 마무리 학습을 하자.

이제, 최선을 다해 준비했으니 아는 문제를 실수하지 않도록 하고, 집중해서 실전 시험을 치르는 일만 남았다. 후회 없는 실전 시험을 치렀다면 겸허히 결과를 기다리도록 하자. 그리고 실패는 결과가 아니라 성공으로 가는 길에 거쳐가는 하나의 과정임을 명심하고, 최종 합격하는 날까지 포기하지 않고 후회하지 않는 하루하루를 보내도록 하자.

나만의 선택 기준 만들기

우리의 인생은 수많은 선택의 갈림길로 이루어져 있다. 보안기사 시험 준비를 하는 게 맞을까? 아니면 그 시간에 차라리 영어 공부를 하는 게 맞을까? 지금은 회사 일로 바쁘니 내년에 준비하는 게 좋지 않을까? 혹시 지금도 보안기사 시험 준비를 망설이고 있다면 의사결정하는 데 도움이 될 수 있는 선택과 관련된 경험을 소개하고자 한다.

2008년 봄, 30대 중반의 나이에 IT 경력은 10년이 넘은 상태였는데 곰곰 생각해 보니 내가 정말 잘한다고 내세울 수 있는 뚜렷한 특기가 보이지 않았다. 꼼꼼하고, 정리를 잘한다. 이 두 가지를 제외하면 IT 엔지니어 측면에서 내세울 수 있는 무기가 잘 보이지 않았다. 40이 넘은 이후의 미래와 은퇴라는 단어를 떠올려 보니 눈앞이 깜깜해졌다. 그래서 생각한 것이 IT 엔지니어의 최고봉이라고 할 수 있는 기술사 자격의 도전이었다. 그런데 기술사 시험이 절대 만만한 것이 아니라서 1년이 훨씬 넘는 학습 기간이 필요하고, 그 기간 동안 가족, 친구와도 등을 돌리지 않으면 합격이 불가능한 시험이라는 사실을 알게 되며 고민이 되었다.

"기술사에 도전할 것인가?" 아니면 "지금 당장 가족의 행복에 집중할 것인가?"

고민 끝에 기술사 도전을 선택했고, 2008년 가을 본격적인 기술사 학습의 스타트를 끊었다. 공부도 열심히 했지만 운이 따라주어 10개월이라는 짧은 기간에 합격이라는 결실을 맺을 수 있었다.

위 두 가지 선택의 갈림길에서 기술사 도전을 자신 있게 결정할 수 있었던 기준을 정리해 보면 다음과 같다.

순번	판단 기준	판단 결과
1	끝을 예상할 수 있는가?	6개월 단기 합격 사례도 있고, 가족의 행복은 끝이 없지만 기술사 자격 취득은 분명 끝이 있는 것이다. 포기하지 않으면 반드시 합격한다.
2	나머지 하나의 성공에 도움을 주는가? 어떻게 도움을 주는가?	지금 당장 가족에게 소홀할 순 있겠지만 기술사 합격은 장기적 관점에서 가족의 행복을 오히려 높일 수 있는 방안이 될 수 있다.
3	감당할 수 있는가? 감당할 수 없다면 설득할 수 있는가? (마음, 돈, 시간, 가족)	나 스스로는 감당할 수 있다. 가족에게 기술사 합격 후의 청사진을 보여주며 설득을 했고 승낙을 받았다.
4	일에는 항상 시기가 있다. 시기를 놓치면 되돌릴 수 없다. 지금이 그 시기인가 3번 스스로에게 물어보라.	지금이 바로 그 시기라는 판단을 했다. 회사 업무는 앞으로도 계속 줄어들지 않을 것이고, 지금이 가장 젊을 때이기 때문이다.

이렇게 기술사 합격 이후 기술사라는 자부심과 책임 의식을 가지고 회사 일도 정말 열심히 했고, 다양한 대외 활동을 하면서 이전에는 맛볼 수 없었던 큰 보람도 느낄 수 있었다.

2018년 봄, 최근 몇 년간 정보보안 업무를 담당하다 보니, 정보보안 전문가로서의 역량을 강화해야 할 필요성을 느끼게 되었다. 그러다 보니, 정보보안기사 자격증이 떠올랐다.

"정보보안기사에 도전할 것인가?" 아니면 "기술사 자격증에 안주할 것인가?"

위 두 가지 선택의 갈림길에서 또 한번, 앞서 사용했던 판단 기준을 적용해 보았다.

순번	판단 기준	판단 결과
1	끝을 예상할 수 있는가?	합격률이 10% 내외지만, 정보보안 실무 경험과 기술사로서의 역량이면 상반기 내에 충분히 합격할 수 있다.
2	나머지 하나의 성공에 도움을 주는가? 어떻게 도움을 주는가?	보안기사는 기술사 자격증에 날개를 달아주어 정보보안 영역의 전문성을 강화시켜 줄 것이다. 또한 합격 이후 보안기사 자격증 취득 과정을 개설하여, 시험 준비에 어려움을 겪고 있는 수험생들에게 도움을 주도록 하자.
3	감당할 수 있는가? 감당할 수 없다면 설득할 수 있는가? (마음, 돈, 시간, 가족)	감당할 수 있다. 6개월간 눈 딱 감고, 자격증 공부에 집중하자.
4	일에는 항상 시기가 있다. 시기를 놓치면 되돌릴 수 없다. 지금이 그 시기인가 3번 스스로에게 물어보라.	지금이 바로 그 시기라는 판단을 했다. IoT 활성화와 더불어 정보보안의 중요성이 더욱더 중요해지고 있다. 정보보안기사 자격증 취득을 통해 정보보안 전문성을 강화하는 발판으로 삼자.

이렇게 정보보안기사 자격증을 취득하기로 결심했고, 2018년 1월부터 학습을 시작하여 3월 말 필기 시험 합격, 5월 말 실기 시험 합격이라는 결실을 맺을 수 있었다. 이후 2019년 상반기에는 업무 경험과 자격증 합격 노하우를 담아 정보보안기사 자격증 취득 과정을 개설하였고, ISMS-P 인증 심사원 자격도 취득하게 되었다. 또한, 2020년 상반기에 이렇게 본 도서의 성공적인 출간으로 이어지게 되었다. 정보보안기사 자격증에 도전하지 않았다면 위에 언급된 성과는 거둘 수 없었을 것이라 생각된다.

여러분들도 위의 기준을 참조하여 본인만의 판단 기준을 만들어서 활용하기 바란다. 인생은 남이 아닌 내가 사는 것이고 내가 주인이기 때문에 다른 무엇보다 본인의 판단 기준이 더 중요하다고 생각한다. 니체의 〈차라투스트라는 이렇게 말했다〉에서는 주도적인 인생의 의미에 대하여 다음과 같이 말하고 있다. "진정한 철학자는 명령하는 사람이며 입법하는 사람이다. 다시 말해서 자신이 사용할 개념을 창조하고, 자신에게 맞는 새로운 가치를 창조하는 사람이다."

정보보안기사 시험 도전을 발판으로 삼아, 여러분 인생의 주인이 되길 기원한다.

5장

정보보안기사 합격 날개를 타고 그려보는 나만의 성공 로드맵

정보보안기사 자격증은 합격률이 10% 내외로 난이도가 높다. 그러나 자칫 "이렇게 어려운 자격증을 땄으니 이제 정보보안은 더 이상 공부할 게 없어"라는 자만에 빠져서는 안 될 것이다. 정보보안기사는 정보보안 전문가로서 활동할 수 있는 준비가 되어 있음을 인정해 주는 "자격증"임을 잊지 말자. 정보보안기사 자격증 취득은 끝이 아닌 시작이라는 의미이다.

정보보안 분야의 전문성 강화를 목표로 정보보안 직무에 대한 경험과 지식을 확대하는 방안, 정보보안 지식을 바탕으로 IT 분야 직무로 경력을 확장하는 방안, 경험과 지식을 쌓은 후 IT 자격증의 최고봉인 기술사에 도전하는 방안, 나만의 강점을 살릴 수 있는 1인 브랜드 기반 전문가 활동에 도전하는 방안 등 정보보안기사의 문을 열고 들어서면 도전할 수 있는 기회가 무궁무진하다.

나폴레온 힐의 〈성공의 법칙〉에서는 기회를 잡는 데 있어 자만을 경계하며 다음과 같이 말하고 있다.

"기회는 자만보다는 자기 확신과 더 빠르고 쉽게 친해질 것이다. 자기 확신은 지식의 소산이므로 자신을 알아야 한다. 얼마만큼 아는지 왜 그것을 알고 있으며 이를 어떻게 이용할 것인지도 알아야 한다."

따라서 보안기사 자격증 취득에 안주하지 말고 나의 강점과 약점을 냉철하게 파악하고, 세상의 변화의 흐름을 읽어 더 높은 목표를 향한 도전을 멈추지 말아야 한다.

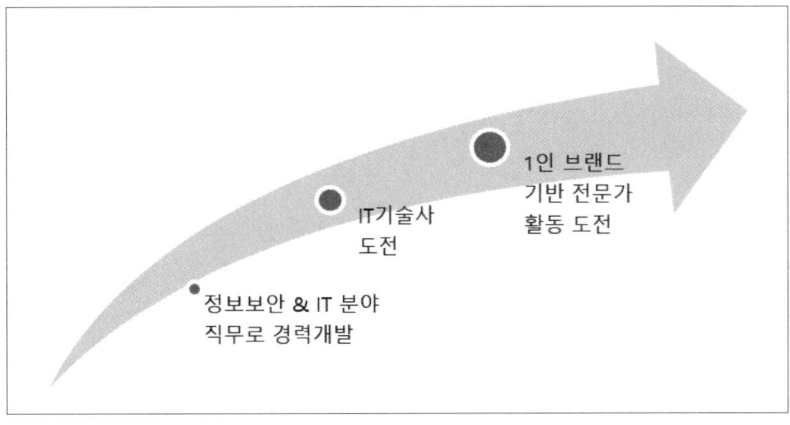

1. 정보보안 직무로 경력 개발하기

정보보안기사 자격증을 취득하고 나서 가장 먼저 생각해 볼 수 있는 방향은 정보보안 직무로 경력을 개발하는 것이다. 국가직무능력표준NCS(National Competency Standards)에는 정보보호 분야 직무를 정보보호관리·운영, 정보보호진단·분석, 보안사고 분석 대응, 정보보호 암호·인증, 지능형 영상 정보처리, 생체 인식(바이오 인식)으로 분류하고 있다.

▷ 정보보호 분야 직무 분류(출처: www.ncs.go.kr)

직무 분류	직무 수행 내용	비고
정보보호 관리·운영	정보 자산을 안정적으로 운영하는 데 필요한 정보보호 전략·정책 수립, 관련 법제도 준수, 보호 관리 활동 수행, 위험 관리에 기반한 정보보호 대책 도출·실행	정보보호 정책 기획, 위험 관리, 보안 운영, 보안성 검토, 내부 보안 감사 등
정보보호 진단·분석	모의해킹을 포함한 보안 진단, 위험 평가를 통한 보호 대책 도출, 보안 전략 수립, 관리 체계 설계, 정보보호 비전과 목표 수립·자문	정보보호 관리 체계 인증, 보안 전략 수립 컨설팅, 보안 감사, 모의해킹
보안사고 분석 대응	침해 사고의 피해 확산 방지를 위한 위협 정보 탐지, 시스템 복구와 예방 전략 수립, 정보보호 침해 사고로 인한 업무 및 서비스에 영향을 준 증거 확보 후 분석·신속 대응	보안 관제 기획 운영, 디지털 포렌식, 침해 사고 분석, 보안 로그 분석 및 대응
정보보호 암호·인증	암호·인증 기술을 개발, 관리, 검증하고 해당 시스템 운영	암호 알고리즘 연구, 암호 시스템 운영
지능형 영상 정보처리	영상 내 이벤트 검출을 위하여 이벤트 유형에 따라 지능형 영상 정보 처리 알고리즘 개발, 이를 탑재한 지능형 영상 정보처리 시스템 구축, 이를 활용한 지능형 영상 관제 수행	요구사항 분석, 설계, 설치, 업무 관리, 시스템 운영, 지능형 영상 정보 관제
생체 인식(바이오 인식)	개인의 고유한 생리학적 또는 행동학적 특징을 획득 및 추출한 정보로 신원을 식별하거나 인증하기 위하여 생체 인식 시스템 개발 및 평가 수행	생체 인식 알고리즘 설계, 구현, 성능 평가 관리, 성능 테스트 수행

어떤 직무가 나에게 적합한지는 개인의 성격, 역량, 관심 등을 고려하여 판단해야 한다. 결정을 하는 데 도움이 될 수 있도록 각 직무 분야별로 필요한 지식, 기술, 태도를 살펴보도록 하자.

보안 시스템 운영자

정보보호관리·운영 직무의 보안 시스템 운영자의 경우 정보보호 관리 체계 표준, 보안 메커니즘 등을 이해하고 있어야 하며, 보안 취약점 및 문제에 대하여 신속하고 적극적인 대응 노력이 필요하다. 백신 서버, 방화벽, 데이터 유출 방지 시스템 등 보안 시스템을 운영하는 과정에서 최신 정책이 적용될 수 있도록 지속적인 관리를 해야 하고, 동작 오류가 발견되면 즉시 관리자에게 보고하고 원인 파악 및 조치를 신속하게 수행할 수 있어야 한다. 보안 시스템 운영자는 조직 내의 보안 시스템이 제 기능을 수행할 수 있도록 최적의 상태를 유지하도록 관리하는 중요한 책임을 가지고 있다.

▷ 보안 시스템 운영자가 갖춰야 할 역량 (출처: www.ncs.go.kr)

구분	요구사항
지식	• 정보보호 관리 체계에 관한 국제 표준 규격(ISO27001) • 정보보호 및 개인정보보호 관리 체계(ISMS-P) • IT 서비스 관리(ISO 20000) • 보안 운영 정책, 서비스 공격 유형, 시스템 아키텍처 • 플랫폼별 운영체제 동작 메커니즘 • 암호 알고리즘, 접근 통제, 식별 및 인증 • 시스템 보안 솔루션 종류 및 유형별 제공 기능
기술	• 서버별 인증 접근 통제 구현 관리 능력 • 서버, 운영체제 취약점 분석 능력 • 로그 분석 도구 사용 기술 • 보안 아키텍처 수립 기술, 보안 프레임워크 작성 기술 • 보안 솔루션 활용 기술, 운영체제의 환경 설정 기술
태도	• 모든 활동에 보안 요구사항 준수 • 설계된 서버 보안을 준수하여 구현하려는 노력 • 객관적인 테스트와 적극적인 문제 해결 태도 • 신규 보안 취약점 및 대응 방법에 대해 지속적으로 연구하는 노력 • 신속하게 대응하고 결과를 보고하는 절차 준수 • 간결하고 정확한 보고서 작성을 위한 노력

보안 관제사

보안사고 분석 대응 직무의 보안 관제사의 경우 보안 침해 사고를 탐지하고 대응하기 위한 모니터링이 주요 직무로 해킹 이론, 보안 이벤트 유형 및 대응 절차 등을 이해하고 있어야 하며, 데이터에 대한 통찰력 및 신속하고 정확하게 분석하려는 의지가 중요하다. 포트 스캐닝 공격, DDoS 공격 등 하루에 수천 개 이상 발생되는 보안 위협을 실시간 모니터링하며 유해 IP를 차단하는 과정에서 집중력을 잃지 말아야 하며, 책임 의식을 가지고 보안 관제 업무를 수행할 수 있어야 한다. 보안 관제사는 침해 위협을 조기에 탐지하여 초동 조치를 수행함으로써 보안 사고를 예방하고, 침해 사고가 발생하는 경우에는 침해 대응팀과 공조하여 피해를 최소화하고 적시에 사고 대응이 가능하도록 가교 역할을 하는 중요한 직무라고 할 수 있다.

▷ 보안 관제사가 갖춰야 할 역량(출처: www.ncs.go.kr)

구분	요구사항
지식	• Application 및 Data 운영 현황 • 네트워크 이론, 취약점, 구성 현황 • 보안 이벤트 유형, 대응 절차 • 시스템 이론, 취약점, 운영 현황 • 운영체제, 네트워크, 시스템 보안 설정, 취약점 관련 지식 • 해킹 이론
기술	• 애플리케이션 구축 및 복원 기술 • 네트워크 취약점 점검 능력, 복원 기술 • 보고서 작성 기술 • 보안 이벤트 간 연관성 분석 기술 • 통합 관제 시스템 운영 기술
태도	• 간단하고 정확한 보고서 작성을 위한 노력 • 개방적인 태도, 객관적인 태도 • 데이터에 대한 통찰력, 분석적 태도 • 신속하고 정확하게 분석하는 의지, 적극적인 개선 의지 • 주어진 과제를 완수하는 책임감 • 최신 보안 트렌드를 수집하려는 노력

모의해킹 컨설턴트

정보보호 진단·분석 직무의 모의해킹 컨설턴트의 경우 정보 시스템 보안성 향상을 목적으로 침투 테스트 대상 시스템의 보안 취약점을 분석하여 공격을 수행하는 것이 주요 직무이다. 네트워크, 시스템, 애플리케이션, 데이터베이스의 보안 취약점에 대한 전반적인 이해가 필요하며, 신규 보안 취약점 및 대응 방법을 지속적으로 연구하여 모의해킹 대상 시스템의 취약점을 적극적이고 상세하게 분석하려는 책임 있는 자세를 가져야 한다. 모의해킹 컨설턴트는 의뢰받은 시스템이 잠재적인 해킹 공격을 받았을 때 이용 당할 수 있는 취약점을 철저하게 분석하여, 보안 사고 예방을 위한 조치 가이드를 제공하는 중요한 직무라고 할 수 있다.

▷ 모의해킹 컨설턴트가 갖춰야 할 역량(출처: www.ncs.go.kr)

구분	요구사항
지식	• 네트워크, 시스템, 애플리케이션, 데이터베이스의 보안 취약점 관련 지식 • 네트워크와 시스템 이론 • 모의해킹 유형 관련 지식 • 스크립트 코딩 관련 지식
기술	• 네트워크, 시스템, 애플리케이션, DB의 보안 취약점 점검 및 대응 능력 • 네트워크와 시스템 식별 및 탐색 기술 • 모의해킹 및 침투 수행 능력 • 스크립트 코딩 능력
태도	• 개방적이고 분석적인 태도 • 신규 보안 취약점 및 대응 방법을 지속적으로 연구하는 노력 • 적극적이고 상세하게 분석하는 자세 • 최신 보안 트렌드를 수집하고 이해하려는 노력 • 최신 침해 사고 동향 및 침해 사고 원인을 파악하고 분석하는 노력

디지털 포렌식 전문가

보안 사고 분석 대응 직무의 디지털 포렌식 전문가의 경우 디지털 디바이스를 매개체로 하여 발생된 특정 행위의 사실 관계를 규명하고, 법정에서 증거 자료로 사용될 수 있도록 요건을 갖추어 증거물을 수집, 이동, 복제, 분석, 제출, 검증하는 것이 주요 직무이다. 분석 대상 시스템의 운영체제, 파일 시스템 등에 대한 고수준의 지식과 디지털 포렌식 도구를 활용한 증거 수집 기술이 필요하며, 포렌식 과정에서 책임감을 가지고 신속하게 증거물을 수집하고 분석할 수 있는 집중력과 인내력이 요구된다. 디지털 환경에서의 범죄가 증가하면서 포렌식 전문가의 수요와 역할이 더욱더 증가하고 있다.

▷ 디지털 포렌식 전문가가 갖춰야 할 역량(출처: www.ncs.go.kr)

구분	요구사항
지식	• 운영체제별 로그 파일 수집 및 파일 시스템에 대한 지식 • 디지털 포렌식 개념 및 장비에 대한 사용 응용 기술에 대한 지식 • 법정에서 사용되는 용어에 관한 지식 • 형법/형사소송법에 대한 지식
기술	• 디바이스 별 수집 절차에 대한 기술 • 디지털 포렌식 관련 사건, 사고 대응 절차에 대한 기술 • 디지털 포렌식 수집 도구에 대한 최신 트렌드 습득 기술 • 시스템, 네트워크, 애플리케이션, DB, 모바일 증거 습득 기술
태도	• 디지털 포렌식 국제 동향 및 E-discovery 증거 능력에 관련된 판례 동향을 공유하고 습득하는 노력 • 역할과 책임을 나누어 대응하고 수사 관계자들과의 대응 협의체를 마련하는 태도 • 정보 유출, 유출 시도를 관련자에게 보고할 수 있는 태도 • 새로운 안티포렌식 동향을 파악하고 대응하려는 태도

정보보호 관리 체계 인증 전문가

정보보호 진단·분석 직무의 정보보호 관리 체계 인증 전문가의 경우 기업(조직)이 각종 위협으로부터 주요 정보 자산을 보호하기 위해 수립·관리·운영하는 종합적인 보안 체계 및 개인정보보호 활동을 체계적·지속적으로 수행하기 위해 필요한 보호 조치 체계의 적합성을 점검하는 것이 주요 직무이다. 개인정보보호법, 정보통신망법과 같은 유관 법률에 대한 지식과 정보 자산에 대한 가치를 산정하고 위험을 평가할 수 있는 기술이 필요하며, 인증 심사 과정에서 기한 내 심사가 완료될 수 있도록 이해 관계자들과의 능동적인 의사소통 노력과 공정성과 객관성을 유지하려는 자세가 요구된다. 국내의 경우 개인정보 및 정보보호 관리 체계 인증이 통합되었고, 인증 획득 의무 대상자가 확대되면서 인증 심사 인력에 대한 수요가 증가하고 있다.

▷ 정보보호 관리 체계 인증 전문가가 갖춰야 할 역량(출처: www.ncs.go.kr)

구분	요구사항
지식	• 개인정보보호법, 신용정보의 이용 및 보호에 관한 법률 • 전자정부법, 전자금융거래법, 정보통신기반 보호법, 정보통신망법, 정보보호산업 진흥에 관한 법률 • 국내외에서 운영되는 정보보호 관리 체계 인증 심사에 대한 지식
기술	• 시스템, 네트워크, 애플리케이션 보안 취약성 및 위협 평가 기술 • 정보보호 제품 및 분석 도구 사용 능력 • 정보보호 활동에 영향을 미치는 기술적, 관리적, 물리적 동향에 대한 파악 및 분석 기술 • 정보 자산 가치 산정 능력 및 위험 평가 기술 • 심사팀 구성 및 운영 관리 기술
태도	• 공정성과 객관성 유지 • 법적 준거성 준수 • 시간 및 자원 관리 노력 • 원활한 의사소통 노력

보안정책 관리자

정보보호관리·운영 직무의 보안 정책 관리자의 경우 조직이 수행하는 모든 정보보호 활동의 근거를 포함하고 국가나 관련 산업에서 정하는 정보보호 관련 법, 규제를 만족하는 정보보호 정책을 수립, 배포하고 필요에 따라 제정 및 개정 등을 수행하는 것이 주요 직무이다. 내외부의 관련 법, 규정 및 정보보안 아키텍처에 대한 지식이 필요하고, 정보보호 환경 변화에 대한 지속적인 관찰을 통하여 정보보호 정책 문서를 최신으로 유지하기 위한 적극적인 업무 자세가 요구된다. 또한 보안 정책이 IT 개발 및 운영 프로세스 등에 반영될 수 있도록 관련 이해 관계자와 원할한 의사소통이 이루어져야 한다.

▷ 보안정책 관리자가 갖춰야 할 역량(출처: www.ncs.go.kr)

구분	요구사항
지식	• 정보보호 관련 법 및 규정 • 정보보호 정책 체계 • 조직의 경영 목표 및 정보 전략 계획(ISP) • 정보시스템 아키텍처 및 정보보안 아키텍처
기술	• 정보보호 및 정보 시스템 환경의 중대한 변화 분석 능력 • 정보보호 정책과 정책 시행 문서의 타당성 검토 능력
태도	• 관련 이해 당사자와의 의사소통을 위한 개방적 태도 • 정보보호 환경 변화에 대한 지속적인 관찰 • 정보보호 정책 관련 문서의 현행화를 위한 적극적인 업무 자세

정보보호 최고책임자

정보보호관리·운영 직무의 정보보호 최고책임자CISO(Chief Information Security Officer)의 경우 조직의 설립 목적 달성을 위해 정보보호를 경영 리스크로 인식하고, 경영진 및 이해 관계자에게 정보보호 역할과 책임을 부여하고, 정보보호 전략 및 의사결정 체계를 수립하고, 정보보호를 위한 자원을 확보하며 정보보호의 성과를 검토하고 관리하는 정보보호 거버넌스를 구현하는 것이 주요 직무이다. 정보보호 관련 법, 규정 및 기술적인 지식 외에도 비즈니스 측면에서 조직의 핵심 사업 및 미션에 대한 명확한 이해가 필요하다. 또한 정보보호를 경영 리스크로 경영진이 인식하고 정보보호 투자를 이끌어낼 수 있도록 의사소통하는 역량이 요구된다. 즉, 비즈니스와 IT가 모두 이해할 수 있는 언어로 소통함으로써 정보보호가 조직 문화로 정착될 수 있도록 체질 개선을 하는 데 있어 CISO의 역할은 매우 중요하다고 할 수 있다.

▷ 정보보호 최고책임자가 갖춰야 할 역량(출처: www.ncs.go.kr)

구분	요구사항
지식	• 정보보호 관련 법 및 규정 • 조직의 핵심 사업 및 미션에 대한 지식 • 공급망에 포함된 주요 업체 및 기관의 보안 위험 관리 정책, 절차에 대한 지식 • 최신 정보통신 기술 보안 취약성 및 위협에 대한 지식
기술	• 경영 및 IT 환경과 이해 관계자 분석 능력 • 전략 및 계획 수립 능력 • 정보보호 투자 평가 기법 활용 능력
태도	• 경영 리스크로 정보보호를 경영진에 알리고자 하는 태도 • 조직 내 사업들이 정보보호 관점에서 연관되고, 역할과 책임이 있다는 것을 관련 이해관계자들과 의사소통하는 태도 • 정보보호와 관련된 최근 동향을 공유하려는 노력 • 정보보호 성과를 경영진에 알리고, 성과 평가 결과로 인한 갈등 조정 노력

이와 같이 정보보호 분야의 각 직무에 대한 이해를 했다면, 현재 나의 위치에서 해당 직무를 수행하기 위해 어떤 노력을 해야 하는지 분석하는 시간을 갖도록 하자.

대학을 졸업하고 취업 준비를 하고 있다면 다음과 같은 3가지 유형의 경력 개발 경로를 생각해 볼 수 있다. 나의 적성을 고려하여 경력 개발 경로를 설정하고, 장기적인 차원에서 한 계단씩 도약하기 위한 노력을 하도록 하자.

▶ 적성에 따른 정보보안 경력 개발 경로 예시

적성	경력 개발 경로	최종 목표
상황 대처 능력과 리더십이 있고, 조직 단위 업무 수행에 강점이 있는 경우	보안 시스템 운영자(5년) → 시스템 보안 담당자(3년) → 보안 시스템 관리자(4년) → 보안 정책 관리자(3년)	개인정보 최고책임자 / 정보보호 최고책임자
꼼꼼하고, 내향적이며, 포기하지 않는 근성을 가지고 있는 경우	보안 시스템 운영자(2년) → 보안 관제사(3년) → 보안 로그 분석가(3년) → 악성코드 분석가(4년) → 침해 대응 전문가(3년)	보안 관제 총괄자 / 침해 대응 전문가
의사소통 능력이 뛰어나고, 외향적이며, 논리적 사고에 강점이 있는 경우	보안 시스템 운영자(5년) → 모의해킹 컨설턴트(3년) → 보안 대책 설계 컨설턴트(4년) → 정보보호 관리 체계 인증 전문가(3년)	전략 수립 컨설팅 전문가

이미 정보보안 직무 또는 IT 직무를 수행하고 있는 경우에도 동일한 방법으로 나의 적성을 고려하여 경력 개발 계획을 수립하도록 하자.

▷ 정보보안 경력 개발 경로(출처: www.ncs.go.kr)

직무 경험 \ 직무 분류	정보보호관리·운영	정보보호진단·분석	보안사고분석대응	정보보호암호·인증
사원 (1~2년)	보안 시스템 운영자			암호 시스템 운영자, 연구 개발 담당자
사원 (3~5년)			보안 관제사	암호 분석 담당자, 암호 검증 담당자
대리 (6~8년)	개인정보 담당자, NW 보안 담당자, 애플리케이션 보안 담당자, 시스템 보안 담당자, 물리 보안 담당자, 프로세스 보안 담당자	정보 시스템 보안 진단 컨설턴트, 모의해킹 컨설턴트, 보안 심사 컨설턴트, 보안 평가 컨설턴트	보안 로그 분석가	암호 시스템 관리자, 암호 분석 전문가, 연구 개발 설계자
과장 (9~12년)	보안 시스템 관리자	보안 대책 설계 컨설턴트	악성코드 분석가, 침해 사고 분석가, 디지털 포렌식 전문가, 사이버 수사 전문가	암호 검증 관리자, 연구 개발 관리자
차장, 부장 (13~15년)	개인정보 관리자, 보안 정책 관리자, 정보 보호 감사자	보안 감리사, 보안 감사사, 정보보호관리 체계 인증 전문가, 정보보호 제품 인증 전문가	보안 관제 총괄자, 침해 대응 전문가	연구 개발 책임자
부장, 임원 (15~20년)	개인정보 최고책임자, 정보보호 최고책임자	전략 수립 컨설팅 전문가		

2. IT 분야 직무로 경력 개발하기

정보보안기사 자격증을 취득했다고 해서 정보보안 직무만 수행해야 하는 것은 아니다. 정보보안은 비즈니스와 IT 프로세스에 필수 요건으로 포함되어 있기 때문에, 정보보안 지식을 기반으로 IT 분야로 직무 전환을 하는 경우 보다 더 전문성을 가지고 업무를 수행할 수 있는 강점이 있다. 또한 IT와 보안 업무를 모두 경험한 사람은 현장 통용성 있는 정보보안 리더십을 발휘할 수 있다. 즉, IT 분야 직무에서 업무를 수행하는 경우에도 정보보안 전문가를 최종 종착지로 설정하고, IT의 입장에서 정보보안 통제가 효과적으로 적용되기 위해 필요한 사항이 무엇인지 고민하려는 노력이 필요하다.

현장에서 정보보안 담당자로서 업무를 수행하다 보면, 정보 시스템 취약점 조치, 개발 보안 등 IT 부서에서 직접 수행해야 하는 업무에 대하여 역할과 책임(R&R) 관련 이슈가 발생하는 경우가 있다. IT 개발 부서의 경우는 비즈니스가 요청한 업무를 기한 내에 개발하고, IT 운영 부서의 경우는 비즈니스를 지원하는 정보 시스템이 안정적으로 운영되도록 관리하는 것이 최우선 순위이기 때문에, 정보보안은 우선순위가 떨어지기 마련이다.

그렇다면 어떻게 해야 정보보안을 개발 요건에 반영하여 일정을 산정하는 것이 당연시 되고, 정보 시스템 취약점을 적시에 조치하는 것이 운영 안정성을 보장하기 위한 최우선 순위의 하나로 인식되어 책임감 있게 관리되도록 할 수 있을까? 정보보안을 공부한 인력들이 정보보안 부서에서만 일할 것이 아니라, IT 개발 및 운영 부서로도 진출을 하여 정보보안 DNA가 조직 구석 구석에 퍼지도록 해야 한다. 비즈니스 부서 담당자들에 대해서도 형식적이지 않고, 실질적인 정보보안 인식 제고 프로그램이 상시 운영되어야 한다.

IT 분야에서 정보보안 전문성을 살려 경력 개발을 할 수 있는 기회를 살펴보도록 하자.

개발자

복잡한 로직, 수천 줄을 넘는 소스 코드 라인 수가 개발자의 역량과 동일시되던 시기가 있었다. 그러나 IoT 시대가 도래하며 SW 플랫폼은 상호 운영성을 보장하기 위해 개방화 및 표준화를 지향하며 웹 형태로 변화되고 있다. 또한 빠르게 변화하는 고객의 요구사항을 적시에 반영하기 위하여 SW의 유연성과 유지 보수성이 중요해지고 있다. 무엇보다도, SW의 취약점을 악용하여 정보를 유출하거나, 거래를 변조하는 보안 위협이 더욱더 기승을 부리며 진화하고 있다.

이제, 개발자가 코딩만 잘하면 되는 시대는 지났다. 개발 과정에서 비즈니스 담당자와 적극적으로 소통하며 요구사항이 잘 반영되는지를 확인하는 Agile 방법론 적용이 증가하면서 의사소통 능력의 중요성이 증가하고 있다. 개발 산출물을 누구나 쉽게 이해하고 유지보수할 수 있도록 하려면 소스 코드가 복잡하지 않고 간결해야 한다. 마지막으로 보안 위협에 대응하기 위한 소스 코드 난독화, 버퍼 오버플로우 공격 등에 취약하지 않은 안전한 함수 사용, 인젝션 공격을 피할 수 있는 입력 값 필터링 로직 구현 등 시큐어 코딩 적용도 개발자의 몫이다.

즉, 개발자의 역할이 정보보안 통제 라인의 중요한 한 축으로 자리매김하고 있다는 것이다. 개발자의 정보보안 역량이 중요한 이유이다.

품질 관리자

SW가 갖춰야 할 품질 특성 국제 표준인 ISO 9126에서는 기능성, 신뢰성, 사용성, 효율성, 유지보수성, 이식성, 6개를 주 특성으로 분류하고 있다. 그러나 다양한 시스템이 서로 연결되고 강인한 보안성이 중요해진 시대의 변화를 반영하여, ISO 9126은 ISO 25010으로 개정되면서 호환성과 보안성이라는 2개의 주 특성이 추가되었다.

품질 관리자는 정보 시스템 도입 및 변경 프로젝트의 요구사항 분석 단계에서부터 최종 이관 단계까지 작성되는 산출물이 SW 품질 특성을 적절히 반영하고, 일관성과 연속성을 유지하며 작성될 수 있도록 품질을 보증하는 역할을 수행한다.

특히, 요구사항 명세서에 정보보안 요구사항이 적절히 반영되었는지, 설계서에 정보보안 컴포넌트가 누락되지 않았는지 등 산출물 내용의 적절성까지 판단하려면 정보보안에 대한 일정 수준 이상의 전문성이 있어야 한다. 물론, 품질 관리자가 그 정도까지 알아야 되느냐고 반문할 수 있겠지만 여러분이 관리자라면 정보보안 전문성이 있는 품질 관리자와 그렇지 않은 경우 중 누구를 선택하겠는가?

아키텍트

한 기업의 내부에는 수많은 IT 시스템이 존재하며, 각 시스템에는 수많은 컴포넌트들이 탑재되어 고유의 역할을 수행하거나 다른 컴포넌트와 상호 연계되어 복합 서비스를 처리하고 있다. IT 아키텍트는 이렇게 복잡하게 구성된 IT 시스템이 유기적으로 동작할 수 있도록 컴포넌트(애플리케이션, 미들웨어, DB, 서버, NW, 보안) 각각에 대한 표준을 수립하고, 상호 연계 방식을 규정하고, 변화하는 환경 변화에 최적으로 대응하기 위한 IT 시스템의 진화 방향을 설계하는 중요한 역할을 수행한다.

정보보안 측면에서 보면, 과거에는 외부에서 내부로의 인바운드Inbound 침입 시도에 대응하기 위한 침입차단시스템, 침입탐지시스템 등 수동적이고 독립적인 보안 솔루션이 주류를 이루었다. 반면 오늘날의 지능적인 보안 위협 환경에서는 애플리케이션 서버와 단말 등 내부 시스템 내에서 발생하는 비정상적인 행위를 탐지하고 대응하기 위한 EDREndpoint Detect & Response 등과 같은 능동적이고 복합적인 보안 솔루션이 필요하다. 피싱 등을 통해 악성코드가 유입된 내부 단말에서 계정을 탈취하기 위한 비정상적인 로그인 시도, 사용자가 입력하는 계정 정보를 탈취하여 외부로 유출하려는 시도, 업무 시간 이후에 발생한 비인가 변경 작업 등을 적시에 탐지하고 능동적으로 대응하기 위해서는 전통적인 보안 시스템으로는 한계가 있다는 얘기이다.

IT 아키텍처 측면에서는 IT 시스템 자체에 보안 기능이 내재되거나, 보안 에이전트Agent를 탑재하여 통합 보안 관리 시스템과 연동하는 형태로 구축되어야 한다. 따라서 이러한 결정을 내리기 위해서 IT 아키텍트도 이제는 정보보안 전문가가 되어야 한다.

프로젝트 관리자

한정된 기간과 비용으로 프로젝트의 목적을 달성하도록 프로젝트 자원을 관리하는 것이 프로젝트 관리자의 역할이다. 프로젝트의 범위를 확정하고, 자원을 확보하여 일정 계획을 수립하고, 프로젝트 수행 중 발생 가능한 위험을 식별하여 관리하고, 프로젝트가 계획대로 진행되고 있는지 진척도를 관리하고, 이해 관계자들과 지속적으로 소통하여 프로젝트가 성공할 수 있도록 지휘하는 프로젝트 관리자야말로 기술적인 측면과 관리적인 측면을 포함한 모든 것에 능통해야 하는 종합 예술가라고 할 수 있다.

과거에는 순수 IT 차원의 기능을 개발하거나 개선하는 프로젝트가 주류를 이루었다면, 오늘날에는 보안 솔루션을 도입하는 프로젝트, 기존 IT 시스템의 보안 기능을 강화하는 프로젝트와 같이 정보보안 관련 프로젝트가 증가하고 있다. 이에 따라, 정보보안에 대한 지식이 없는 경우 프로젝트를 원활히 수행하기 어려운 상황이 되었다. 또한, 프로젝트에 투입되는 내부와 외부의 인적 자원으로부터 야기된 정보 유출 등 보안 사고가 발생하면서, 프로젝트 수행 과정에서 보안 리스크를 완화하기 위한 프로젝트 관리자의 역할과 책임이 더 증대되고 있다.

즉, 프로젝트 관리자가 다루어야 하는 종합예술의 범위에 정보보안도 중요한 요소로 포함되어야 한다는 것이다.

3. H자형 인재로 변모하기 위한 정보처리기술사 도전하기

"나는 과연 언제까지 일을 할 수 있을까? 정년을 채울 수 있을까? 100세 시대 은퇴 후 남은 절반의 인생을 어떻게 보내야 할까?"

누구나 위와 같은 고민을 한번 쯤은 해 봤을 것이다. 정년까지 퇴사에 대한 걱정 없이 안정되게 일하고, 은퇴 후 인생 2막을 살면서 부, 명예, 여가를 보장받으려면 어떤 준비를 해야 할까?

위 질문에 대한 답으로 기술사 도전을 이야기하고자 한다. IT 업종에 종사하며 인생 1막의 공연을 박수 갈채를 받으며 끝마친 후, 성공적인 2막의 커튼을 활짝 열어 젖히기를 원한다면 기술사는 선택이 아닌 필수이다.

기술사는, 해당 분야에 대한 고도의 전문 지식과 실무 경험에 입각하여 응용 능력을 보유하고, 합격율 6% 내외의 자격 시험에 합격한 자이다. IT 전 분야에 대한 폭 넓은 지식과 업무 경험에 입각하여, 어떠한 어려운 문제가 주어지더라도 해결할 수 있는 역량을 갖추고 있는지를 기술사 시험으로 평가한다. 시험 범위가 광범위하고 문제의 난이도가 높다 보니 대한민국 상위 1%만이 기술자 자격을 가지고 있으며, 민간과 공공 분야에서 특급 대우를 받으며 역량을 발휘하고 있다.

정보보안기사 자격을 취득하여 정보보안 전문가로서의 경력을 쌓아가는 과정에서 기술사 자격을 취득한다면 소위 말하는 꽃길로 들어섰다고 할 수 있다. 정보보안은 기술사 시험 문제의 주요 출제 범위에 포함되므로, 정보보안기사 자격을 취득한 경우 기술사 합격에 큰 도움이 된다. 또한 기술사 자격을 취득하며 갖춰진 지식 체계, 문제 해결 및 프리젠테이션 역량은 정보보안의 상위 직무를 수행하는 데에도 큰 도움이 된다.

합격에 필요한 노력과 기간

기술사 시험에 응시하기 위해서는 기사 자격 취득 후 4년 이상, 대학 졸업 후 6년 이상 실무에 종사해야 하는 등 정해진 요건을 갖춰야 한다. 기술사 시험은 객관식이 아닌 주관식 논술형이므로, 지식 학습 외에도 논리적인 글쓰기 연습이 필요하다.

시험 합격까지는 최소 1~2년 정도가 소요되므로, 장기간의 학습 기간을 견뎌낼 수 있는 인내심이 매우 중요하다. 명확한 목표와 열정으로 시험 준비에 매진한다면 1년 이내의 단기 합격 사례도 있으며, 1년이 경과하는 경우라도 포기하지 않고 끝까지 도전한다면 반드시 합격할 수 있다.

합격 후 비전

기술사가 되면 나만의 브랜드(OOO 기술사)로 성공적인 인생 2막(부, 명예, 여가)을 열기 위한 확실한 준비를 할 수 있게 된다.

① 기술사 준비를 하며 남을 배려하고, 다양성을 존중하는 자세가 갖춰지며 목표 관리, 시간 관리, 습관 관리 등 자기 관리 역량이 향상된다. 이는 미래에 살아남을 수 있는 H자형 인재의 자질과도 일맥 상통한다.

② OOO 기업의 OOO 과장이 아닌, 회사를 박차고 나와서도 OOO 기술사라는 나만의 브랜드는 평생 유지된다.

③ 강연, 감리, 컨설팅, 자문, 출판, 기고 등 1인 전문가 활동을 할 수 있는 발판이 마련되어, 당장 회사를 그만두더라도 두렵지 않은 역량과 자신감을 갖게 된다.

④ 기술사 커뮤니티의 인적 네트워크는 합격 이후 인생의 든든한 조력자가 된다.

⑤ 이미 성공한 선배 기술사들의 사례를 벤치마킹하여, 나만의 성공 모델을 만들기 위한 준비를 회사 재직 중에 할 수 있다.

기술사 합격 방법에 대한 보다 자세한 내용은 필자의 블로그(blog.naver.com/stereok2)를 방문하여 〈IT전문가로 성공하기〉 → 〈기술사 합격 방법〉 메뉴를 참조하기 바란다.

4. 1인 브랜드 기반 전문가 활동 도전하기

1995년 이후에 태어난 19세 미만의 청소년을 Z세대라고 부른다. 초등학생 희망 직업 상위에 유튜버가 올라올 정도로 Z세대는 TV보다 유튜브를 좋아한다. 잘 모르는 내용은 유튜브를 통해 배우고, 자신이 알고 있는 내용은 직접 영상으로 제작하여 공유하는 것이 아주 자연스럽다.

이러한 Z세대가 주도할 미래는 기계와 인간이 공존하며 지금처럼 정형화된 직업(특히 의사, 변호사, 회계사와 같은 전문직)은 기회의 영역이 줄어들 것이다. 대신, 자신만의 브랜드를 가지고 다양한 일을 하는 소위 N잡러에게 더 많은 기회가 주어질 것이다.

이에 따라, 자신의 브랜드를 홍보하는 채널을 가지는 것이 중요하며, 누구나 다 자신의 홍보 채널을 가지는 것이 너무도 자연스러운 현상이 될 것이다. 이미 우리 주위에는 남들과 차별화된 컨텐츠로 자신의 브랜드를 만들고, 블로그, 유튜브 같은 SNS 채널을 통하여 온오프라인을 연계해서 활발한 활동을 하는 이들이 많이 있다. 시간적 공간적 속박에서 벗어나 자신이 좋아하는 일을 하며, 직장에 소속되어 일할 때보다 더 많은 수입을 올리고 많은 사람들에게 영향력을 끼칠 수 있다면 도전할 가치가 있지 않을까?

정보보안 전문가로서의 브랜드를 가지고 N잡러로서 활동할 수 있는 방법은?

정보보안 분야에서 1인 브랜드를 가지고 활동한다는 것은 큰 도전이다. 내가 정말 할 수 있을지에 대한 의문이 들고, 막상 어떤 일을 해야 할지도 모르겠고, 실패에 대한 두려움도 생기게 마련이다. 따라서 처음부터 너무 거창한 목표를 잡고 시작하기보다는, 지금 하고 있는 일의 연장선상에서 아주 작은 것부터 시작해 보도록 하자. 정보보안기사 자격을 취득했다는 자부심을 가지고 도전한다면 분명히 소기의 성과를 거둘 수 있을 것이다.

▷ 프로 N잡러가 되기 위한 6단계 과정

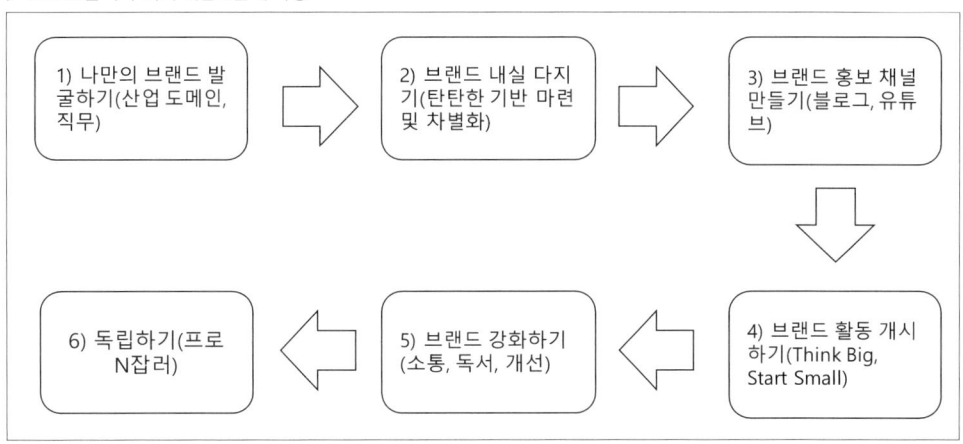

나만의 브랜드 발굴하기

첫 번째로 해야 할일은 나의 강점을 살릴 수 있는 나만의 브랜드를 발굴하는 일이다. 4장에서 언급한 목표 수립하기와도 연결되어 있다. 막연히 정보보안 전문가가 되어야지 보다는 좀 더 구체성을 가지고 어떤 분야의 전문가가 될지 고민하는 시간을 갖자. 구체적인 직무를 정하는 것은 물론이고, 내가 종사하고 있는 산업 분야(금융, 공공, 유통, 제조, 의료 등)도 브랜드의 강점 요소로 부각될 수 있다.

"나, OOO은 탄탄한 정보보안 이론과 실무 경험에 입각하여, 총성 없는 사이버 전장에서 우리나라를 안전하게 지켜낼 수 있는 OOO 분야(예: 악성코드 분석, 보안 관제 등) 의 독보적인 전문가가 될 것이다."

브랜드 내실 다지기

나만의 브랜드 목표를 정했다면 탄탄한 기반을 다져야 한다. 우선, 정보보안기사 합격을 통해 체득한 이론적인 지식을 실무와 연계시키려는 노력을 해야 한다. 실무와 연계되지 않은 이론적인 지식은 껍데기에 불과하기 때문이다. 내가 학습한 인증, 암호화, 접근 제어가 실무에서는 어떻게 적용되어 있는지, 어떤 제약 사항이 있는지 확인해 보자. 내가 하고 있는 업무가 아니라도 조금만 관심을 가지면 충분히 확인 가능하다. 이론과 실무를 접목하려는 노력은 자연스레 업무 성과에도 긍정적인 영향을 주게 된다.

다음은, 추가적인 자격증 취득이다. 정보보안기사 자격증을 취득했기 때문에 상대적으로 적은 노력으로 자격증 취득이 가능하며, 자격증 준비 과정에서 지식 체계를 강화할 수 있는 장점이 있다. 정보보안 관련 자격증으로는 ISMS-P 인증심사원, 디지털포렌식2급, 공인사고대응전문가(GCIH)를 추천한다. 그리고 경력이 쌓이고 나면 정보처리기술사에도 꼭 도전하자. IT 전체에 대한 지식, 통찰력, 문제 해결 능력은 1인 브랜드 기반 전문가 활동을 하는 데 차별화된 요소로 작용하기 때문이다.

ISMS-P 인증 심사원 자격증을 취득한 이후에는 KISA의 인증 심사원 모집 공고를 주기적으로 확인하여 최소 1년에 1회 정도는 휴가를 내고 인증 심사에 참여하여 경력을 쌓도록 하자. 심사원보의 경우 자문료가 하루에 20만 원이고, 심사에 4회 이상 참여하여 심사일수의 합이 20일 이상이 되면 심사원으로 승급되며 자문료는 하루에 30만 원으로 상향된다. ISMS-P 인증심사원의 경우 경험이 쌓이고 평판 관리를 잘하면 심사원 활동만 전담으로 하는 것도 고려할 수 있다.

정보처리기술사 자격증을 취득한 이후에는 기술사 협회에 가입하여 협회 차원에서 진행하는 전문가 활동에 반드시 참여하자. 선후배 기술사들과의 인적 네트워크를 돈독히 할 수 있고, 협회가 추진하는 프로젝트들(NCS 표준 개발, 중소기업역량강화 등)에 참여하여 국가적 측면에서 IT 환경을 개선하는 데 크게 기여할 수 있기 때문이다. 또한 기술사의 경우 정보 시스템 수석 감리원 자격을 취득할 수 있으므로, 정보 시스템 감리도 파트타임으로 참여하여 경력을 쌓도록 하자.

세 번째는, 국가에서 진행하는 교육 프로그램 참여이다. 직장을 다니지 않는 청년층을 대상으로 한 최고의 교육 프로그램으로 "차세대 정보보안리더 양성 프로그램"BoB(Best of Best)이 있다면, 재직자를 대상으로 한 최고의 프로그램으로는 한국인터넷진흥원(KISA)에서 주관하는 "최정예 사이버보안 인력양성 과정"K-Shield이 있다. 총 200시간에 달하는 교육을 통해 수준 높은 공격 기법 및 대응 방안을 배울 수 있고, 프로그램 참여자 간의 인적 교류는 덤이라고 할 수 있겠다. 추가적으로 금융보안원 교육센터(edu.fsec.co.kr)에서도 실무에 도움이 되는 다양한 단기 교육 프로그램을 운영하고 있다.

브랜드 홍보 채널 만들기

브랜드 홍보 채널은 정보보안기사 합격과 동시에 만들 것을 추천한다. "나는 아직 정보보안 전문가도 아닌데, 브랜드 홍보 채널을 만들어도 되나?"라고 생각한다면 그 생각을 바꿀 필요가 있다. 전문가이기 때문에 홍보 채널을 만들 수 있는 것이 아니라, 홍보 채널을 만들어 활동을 하면서 전문가의 입지를 다지는 것이다. 즉, 홍보 채널은 1인 브랜드 기반 전문가가 되기 위한 디딤돌이라고 할 수 있다.

초보자가 가장 손쉽게 시작할 수 있는 홍보 채널은 블로그이다. 1~2년까지는 블로그 하나에만 집중해서 꾸준히 관리하는 것을 목표로 삼자. 블로그 만드는 방법에 대한 참고 도서로 〈혼자서도 할 수 있는 블로그 마케팅, 앤써북〉을 추천한다.

블로그를 만들 때에는 내 블로그의 정체성을 설정하고, 어떤 콘텐츠를 주력으로 할 것인지를 정해야 한다. 참고로, 필자의 블로그는 아래와 같은 콘셉으로 만들었다. 2018년 하반기에 시작하여 이제 겨우 1년째가 되는 초보 블로그지만, 매일 꾸준히 100여명 정도가 방문하고 있고, 게시글 평균 사용 시간 4분, 블로그 지수 상위 1%를 기록하고 있다.

▶ 블로그 컨셉 예시

구분	내용	비고
타이틀	온계절의 IT전문가를 꿈꾸는 이를 위한 성공 나침반	blog.naver.com/stereok2
정체성	IT 전문가로서 성공을 꿈꾸는 많은 이들이 올바른 방향으로 나아갈 수 있도록 도움을 주는 나침반과 같은 존재가 되자	닉네임: 온계절(온누리에 사계절 긍정의 영향을 끼치는 조력자)
주요 콘텐츠	1) IT 전문가로 성공하기 • 목표 관리, 영어 공부 후기 등 자기계발 방법 • 기술사/보안기사 등 자격 시험 합격 방법 • IT 및 보안 기술 동향	IT 전문가로서의 성장 과정을 생생하게 기록(경험, 노하우)
	2) 독서 나비효과 • 도서 리뷰 및 좋은 글 소개	인문학적 역량 강화를 위한 독서 후기 기록
향후 계획	1) 블로그 컨텐츠를 이용한 집필 2) IT 전문가(융합 인재) 양성 아카데미 개설 3) SNS 채널 확장을 통한 소통 강화 4) 온/오프라인 컨설팅 및 컬럼 기고	은퇴 후 인생 2막을 대비한 준비

브랜드 활동 개시하기(Think Big, Start Small)

블로그를 만들었으면 이제 브랜드 활동을 개시할 준비가 되었다. 처음부터 너무 거창하게 시작하려고 하지 말고, 내가 가장 쉽고 잘 할 수 있는 부분부터 시작하자. 다시 한번 말하지만 내가 완전한 준비가 되었을 때 시작하는 것이 아니라, 나의 브랜드 목표를 정하고, 블로그와 같은 온라인 홍보 채널을 만들었다면 바로 시작하자.

브랜드 활동의 시작은 온라인 채널을 중심으로 나의 브랜드를 만들어가는 과정을 기록하는 것으로부터 시작된다. 현재 하고 있는 일을 그대로 하면서, 브랜드 기반을 다지는 노력을 통해 나의 강점 분야를 발견하고 독립을 위한 발판을 마련하는 것이 1차 목표이다.

우선, 브랜드 내실 다지기에서 언급했던 실무와의 연계, 추가적인 자격증 취득, 전문적인 교육 수강의 과정과 결과를 나의 성장 일기를 쓴다고 생각하고 블로그에 정리하자. 기록으로 남기는 과정을 통해 나 스스로가 체계적으로 정리되며, 블로그를 방문하는 이웃들에게도 좋은 정보 제공 및 동기부여가 된다. 또한, 이웃들의 블로그를 보면서 우리나라에는 정말로 열정적으로 살고 있는 사람들이 참 많다는 것을 느낄 것이다. 그러한 이웃들과 소통하며, 나의 목표를 구체화하고, 추진 동력을 얻을 수 있는 것이 브랜드 활동을 시작하여 얻을 수 있는 가장 큰 가치라고 할 수 있겠다. 블로그 포스팅은 몰아서 하기 보다는 1주일에 1~2회 정기적으로 하는 것이 좋다.

브랜드 활동 개시하기 역시 4장에서 다루었던 목표 설정, 계획 수립, 시간 관리 방법을 활용하여 내 인생 전체의 목표와 연계될 수 있도록 하자.

브랜드 강화하기(소통, 독서, 개선)

브랜드 활동을 개시하여 최소 1년 이상 꾸준한 노력을 했다면 하나둘씩 가시적인 성과가 나타난다. 자격증을 추가로 취득하거나, 하고 있는 일의 전문성이 강화되어 자신감이 향상되는 것이 첫 번째 성과일 것이다. 업무적인 성과를 인정받아 직무가 변경되거나 인사 고과에서 좋은 점수를 받는 것은 덤이다. 블로그 이웃 수도 300~400명 정도가 되고, 자주 소통하는 이웃도 생기고, 이웃들의 좋은 습관 중 1~2개 정도(독서, 아침 기상 시간 등)는 따라하게 된다. 이렇게 꾸준한 노력과 소통을 통해 자연스레 브랜드 강화하기 단계로 넘어간다.

브랜드 강화하기에서 중요한 것은 소통, 독서, 개선이다.

사람은 기계가 아니기 때문에 처음에 가졌던 열정과 자신감은 시간이 지나며, 현실에서 맞닥뜨리는 일상의 피로와 스트레스 등으로 인해 그 크기가 줄어든다. 그렇게 현실과 타협하다 보면 애초에 세웠던 계획은 흐지부지되는 경우가 많다. 블로그 이웃들과의 온라인 소통이 중요한 이유는, 목표로 향하는 배의 노를 젓는 힘이 약해지려 할 때 그들의 응원과 열정적인 삶이 긍정의 자극제로 작용한다는 것이다. 내 옆에 함께 하는 동반자가 있고, 앞서 달리는 리더가 있다면 포기의 유혹을 이겨낼 수 있다. 이웃과의 소통을 통해 강연, 출판, 컨설팅의 기회를 얻게 되는 것은 덤이다.

두 번째는 독서이다. 책에는 저자의 지식과 경험이 총체적으로 녹아 있다. 책 한 권을 쓰는 데 저자가 투자한 노력을 생각한다면 그 책을 읽는 독자가 들이는 노력은 아무것도 아니다. 1만 원 대의 비용으로, 저자의 수년 간의 노하우를 살 수 있다는 것은 얼마나 행운인가? 나의 브랜드를 강화할 수 있는 직무와 관련된 책에서부터, 역사, 자기계발, 철학, 경제 등 다양한 분야의 책을 읽는 노력을 게을리하지 말아야 한다. 독서법에 관한 책들을 보면 1년에 최소 100권 이상, 이상적으로는 하루에 1권, 3년에 1,000권을 읽어야 한다고 하는데, 말처럼 쉬운 일이 아니다. 1주일에 1권, 1년에 50권을 목표로 하는 것이 현실적인 목표라고 생각한다. 사실 이것도 결코 쉬운 목표는 아니다. 독서를 하면 좋은 점은 지혜와 통찰력이 강화된다는 점 외에도 블로그의 콘텐츠로 사용할 수 있다는 것이다. 책을 읽기만 하는 것과 읽은 내용을 서평으로 기록하는 것에는 큰 차이가 있다. 기록을 하면서 나만의 언어와 문장으로 정리가 되고, 다음에 다시 읽었을 때 책의 핵심 내용을 빠르게 살펴볼 수 있다는 장점이 있다. 출판사로부터 신작에 대한 서평 제안을 받는 것은 덤이라고 할 수 있다.

마지막으로는 개선이다. 블로그 이웃들과 소통하고, 독서를 통해 지혜와 통찰력이 향상되는 효과를 극대화하려면 행동으로 옮기는 것이 중요하다. 블로그 이웃으로부터 배운 좋은 습관은 나만의 습관으로 적용하고, 독서를 통해 배운 지식은 나의 일상에 적용하려는 노력이 필요하다. 책을 읽기만 하는 독자가 아니라, 책을 집필하는 저자가 되는 것도 그중 하나이다. 책을 집필하면 출강 요청을 받거나, 저자 직강으로 직접 강의 프로그램을 만드는 것도 가능하다. 따라서 1인 브랜드로 독립하는 데 있어, 책 집필은 핵심 성공 요소 중 하나라고 할 수 있다.

온라인 홍보 채널의 경우도 블로그가 어느 정도 궤도에 올라오면 유튜브와 같은 동영상 기반 미디어로 확장하는 것도 고려하자. 유튜브는 Z세대가 가장 많이 사용하는 콘텐츠 공유 플랫폼으로 전 세계 구독자를 타깃으로 할 수 있고, 금전적 보상의 기회도 블로그보다 월등히 높다. 성공한 유튜버이자, EBS의 대도서관 잡쇼의 진행을 맡고 있는 대도서관은 저서 〈유튜브의 신〉에서 다음과 같이 유튜브의 성공 요소를 말하고 있다. "특정 콘텐츠를 일주일에 2~3회, 1~2년 간 꾸준히 업로드하면 반드시 성공한다." 정보보안 전문 유튜버가 아직은 흔하지 않는 것을 고려할 때 콘텐츠를 잘 발굴하여 지속적으로 업로드할 수 있다면 강력한 홍보 채널이자 수익 창출의 수단이 될 수 있을 것이다.

독립하기

브랜드 강화 활동을 지속적으로 했다면 마지막 종착지는 1인 브랜드로 독립을 하는 것이다. 독립하는 시점과 형태는 각자의 사정에 따라 달라질 것이다. 그러나 현재 하고 있는 일이 시간과 보상 측면에서 안정적이라면 최대한 독립의 시점은 늦추는 것이 좋다고 생각한다. 대신 꾸준한 브랜드 강화 활동을 통해 독립을 위한 내공을 쌓는 것을 멈추지 말자. 충분한 준비가 되지 않은 상태에서 직장을 나오는 순간, 나와 가족의 생계를 책임져야 하는 가장으로서 너무 많은 짐을 져야 하기 때문이다.

필자가 판단하는 독립을 고려할 수 있는 조건은 다음과 같다.

① 소셜 미디어 활성화

블로그의 경우 이웃 수 5,000명 이상, 일 방문자 수 1,000명 이상 정도가 되면 영향력 있는 블로그라고 볼 수 있다. 이 정도 규모가 되면 유튜브와 같은 다른 미디어로 확장하는 것을 고려할 수 있다. 유튜브의 경우 1~2년 간 꾸준히 콘텐츠를 업로드하여 구독자 수 1,000명 이상, 지난 1년 간 시청 시간 4,000시간 이상 조건을 충족하면 광고 수익을 올릴 수 있다. 그러나 블로그, 유튜브와 같은 소셜 미디어만으로 수익을 창출하는 것은 어려우므로, 오프라인 기반 활동과 연계되는 접점으로 활용하는 전략이 필요하다.

② 집필/기고

1인 브랜드로 독립을 함에 있어 집필은 선택이 아닌 필수이다. 브랜드 강화 활동을 하면서 쌓은 지식, 경험, 통찰력을 글로 옮겨 적는 과정에서 나 스스로가 체계적으로 정리가 되며, 집필을 통해 저자가 된다는 것은 나의 분신을 만드는 것과 같다. 나는 가만히 있어도 글이 독자들과 대화를 하며 영향력을 발휘하기 때문이다. 강연, 기고, 모의해킹, 보안 컨설팅 등의 요청을 받아 활동의 영역을 확대할 수 있는 기회가 주어지며, 오프라인으로 저자 직강 강의 프로그램을 만들어 운영하는 것도 고려할 수 있다. 이 경우 별도의 카페를 만들어서 온오프라인을 연계한 소통 및 강의 플랫폼으로 활용함으로써 영향력을 확대할 수 있다.

글을 잘 쓰기 위해서는 독서 습관을 가지는 것이 중요하며, 평소에 내가 쓸 수 있는 책의 주제에 대하여 고민하고 메모하는 습관을 가져야 한다. 책쓰기 방법에 대한 책들도 많이 나와 있으니 참조하기 바라며, 〈출판사 에디터가 알려주는 책쓰기 기술, 양춘미 지음〉, 〈한 권으로 끝내는 책쓰기 특강, 임원화〉을 추천한다.

집필을 통해 베스트셀러가 되는 경우 그 자체로 훌륭한 수익 모델이 될 수 있다. 그러나 출판 시장이 예전과 같지 않아, 1만 부 이상 판매하기도 쉽지 않다고 한다. 인세를 10%라고 했을 때 정가 15,000원인 책을 1만 부 팔면 인세로 1,500만 원이 들어온다. 10만부 이상만 판매 되도 대박이라고 하니, 인세를 통한 수익을 목적으로 하기보다는 책 판매와 연계된 부수적인 활동을 목표로 하는 것이 현실적인 방안이라고 할 수 있다.

1년에 책을 1권씩 출판하고, 이와 연계된 강연, 컨설팅, 기고의 기회가 계속 이어진다면 가장 이상적인 형태라고 볼 수 있다.

③ 1인 브랜드 기반 오프라인 전문가 활동(고정 수입, 변동 수입)

독립을 하는 경우 직장에 다닐 때보다는 변동성이 크기 때문에 안정화되기 전까지 위험을 최소화하기 위해 고정 수입원을 두는 전략을 생각할 수 있다. 정보시스템 감리의 경우 감리 법인에 소속된 상근 감리원이면서 한 달에 절반만 일하는 형태로 계약을 하고, 나머지 절반은 변동성 있는 활동에 투자하는 방법도 그중 하나이다. ISMS-P 인증 심사원의 경우 변동성이 있지만 평판 관리를 잘 할 경우 비교적 안정되게 심사 활동에 참여할 수 있다.

상기 고정 수입원을 제외하고, 온라인 홍보 채널(소셜 미디어)이 활성화되고, 집필한 책의 영향력으로 강의, 세미나, 컨설팅, 자문, 모의해킹 등과 같은 전문가 활동이 지속적으로 이어져 직장에 소속되어 일할 때의 수입을 넘어서고, 직장과 병행해서 스케줄을 소화할 수 없는 수준이 되는 경우는 과감하게 독립을 고려하도록 하자.

엠제이 드마코는 저서 〈부의 추월차선〉에서 다음과 같이 말했다. "부는 곧 자유와 선택이다. 인생을 당신이 원하는 방식으로, 원하는 모습으로, 원하는 시기에 원하는 곳에서 살 수 있는 자유다. 상사와 알람시계와 돈 때문에 받는 압박으로부터의 자유다. 그리고 하기 싫은 고된 일로부터의 자유다. 무엇보다 원하는 인생을 살아갈 자유다."

내가 좋아하는 일을 하며, 나의 꿈을 이루기 위해 일하는 것만큼 행복한 일은 없을 것이다. 일이 힘들어도, 어려운 문제를 해결하고, 경험을 쌓으면서 성취감과 보람을 느낄 수 있다면 어디에서 일하는지는 크게 중요하지 않다. 인생의 주인으로서 명확한 목표를 가지고 직장 생활을 하고, 동시에 인생 2막 준비를 잘해서 적절한 시기에 당당하게 독립을 한다면 그 무엇보다 후회 없는 삶을 사는 것이라고 생각한다.

여러분 모두 인생이라는 드라마에서 주인공으로 당당하게 살아가는 인생을 응원한다.

6장

정보보안 업계 종사자들로부터 듣는 생생한 현장의 소리

백문이 불여일견이라는 말이 있다. 이론서와 문제집을 독파하고 실습을 통해 원리를 이해하여 시험에 합격하는 것은 자랑스러운 일이다. 그러나 이렇게 자격증을 취득하는 것과 현장에서 정보보안 전문가로 활동하는 것은 또 다른 이야기다. 다양한 이해 관계자가 존재하고, 급박하게 돌아가는 현장에서는 1+1=2와 같이 딱 떨어지는 셈법을 적용하기 어렵다. 이론보다는 실전 감각이 더 중요하다는 의미이다.

중국의 역사서 〈사기〉에도 실전 감각의 중요성을 설파하는 이야기가 실려 있다. 조나라 혜성왕 때 조나라와 진나라의 군대가 장평에서 대치하고 있었다. 그러나 조나라의 명장이었던 대장군 조사는 이미 죽어, 장군을 누구로 삼을지 결정이 필요하였다. 이때 혜성왕은 신하의 간언을 무시하고, 진나라 첩자가 퍼뜨린 말에 속아넘어가 조사의 아들인 조괄을 장군으로 삼았다. 조괄은 어릴 적부터 병법을 배워 이론적 지식은 아버지도 당할 수 없을 만큼 출중하였다. 그러나 실전 경험이 전무함에도 전쟁을 너무 쉽게 생각했고, 부하보다도 자신의 안위를 더 중요하게 생각하는 터라 조괄의 어머니도 왕에게 절대로 아들을 장군으로 삼지 말도록 간청했을 정도였다. 그럼에도, 왕은 조괄을 장군으로 임명하였으며, 결국 그는 45만 명의 군사를 모두 잃고 전투해서 처참하게 패배하고 말았다.

정보보안의 세계도 다양한 변수가 존재하고, 뛰어난 이론과 보안 솔루션을 뚫기 위한 갖은 술수와 기만책이 난무하고 있는 전쟁터라고 볼 수 있다. 따라서 탄탄한 이론적인 지식의 바탕 위에서 많은 경험을 쌓고, 진지한 자세로 보안 위협에 대응하려는 노력이 필요하다.

이번 장에서는, 정보보안 업계의 다양한 직무에 종사하는 담당자들이 정보보안이라는 전쟁터에서 창과 방패를 들고 직접 몸으로 부딪히며 전해주는 생생한 현장의 소리를 인터뷰 형식을 빌려 들려주고자 한다. 아무쪼록, 여러분들의 실전 감각을 키우는데, 본 장이 조금이나마 도움이 되길 바란다.

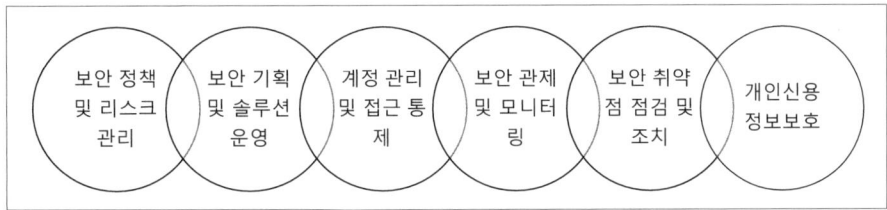

1. 보안 정책 및 리스크 관리(A사 박OO 대리)

현재 하고 있는 업무는?

대내외 정보보안 표준, 규제 요건, 트렌드를 반영하여 정보보안 내규를 제/개정하고, 정보보안 리스크를 식별/평가/개선/모니터링하는 업무를 수행하고 있습니다.

가장 힘들었던 순간은?

현업 부서에서 내/외부 규정에서 요구하는 보안 통제 때문에 업무를 원할하게 수행하기 어렵다고 불평할 때입니다. 규정을 위반하는 경우 규제 기관의 제제뿐만 아니라 보안 사고와도 연결될 수 있다고 설명을 하면서도, 기업의 존재 목적인 비즈니스를 수행함에 있어 보안 통제가 장애물로 작용한다는 불평을 들으면 제 자신이 작아지는 느낌이 듭니다. 또한 보안은 큰 비용을 들여 투자하더라도 효용성이 없다는 업계의 평을 들을 때면 회의감이 들기도 합니다.

가장 보람된 순간은?

내규에 정의된 보안 통제로 인하여 잠재적인 보안 사고를 예방했을 때입니다. 예를 들어 내규에는 클린 데스크(책상 위에 중요 문서 방치 금지, 이석 시 화면 잠금 등) 정책이 규정되어 있는데, 매년 정기적으로 진행되는 클린 데스크 점검 시 우수한 결과가 나왔을 때 큰 보람을 느꼈습니다. 또한 신규 시스템 구축 시 외주 업체와 시스템의 정보보안 리스크를 평가하는 프로세스를 수립했었는데 해당 프로세스에 따라 정보보호 대책이 적용되는 모습을 보면서 조직의 정보보호 수준 향상에 기여했다는 자부심을 느낍니다.

현재 하고 있는 일을 하기 위해 갖춰야 할 역량은?

우선, 조직의 IT 인프라스트럭처에 대한 이해가 필요합니다. 어떤 플랫폼을 표준으로 하고 있는지, 정보의 흐름은 어떻게 되는지, 연계 시스템과의 인터페이스는 어떻게 되는지 알지 못하면 정보보안 리스크를 제대로 평가할 수 없기 때문입니다.

두 번째는 정보보호 관련 법령 및 규제에 대한 이해가 필요합니다. 법령과 규제 요구사항을 위반하는 경우 벌칙, 과태료가 부과되며 최악의 경우 영업 정지까지도 이어질 수 있기 때문에 내부 보안 정책과 연계되도록 지속적으로 관리되어야 합니다.

마지막은 외국어 및 커뮤니케이션 스킬입니다. 저처럼 외국계 기업에 근무하는 경우 해외 컨설턴트 및 전문가와 일을 해야 하는 경우가 많아 영어는 필수입니다. 외국계 기업에 근무하지 않더라도 정보보안 업무를 수행하다 보면 영어로 된 자료를 참조해야 하는 경우가 많으므로 영어 독해 능력은 중요합니다. 또한 보안 정책 및 리스크 관리 절차를 조직원들이 명확하게 숙지하고 지킬 수 있도록 커뮤니케이션을 효과적으로 수행할 수 있어야 합니다. 누구나 이해할 수 있는 쉬운 용어를 사용하고, 이슈가 있는 부분은 적시에 상위 관리자에게 보고하여 조율이 원활하게 되도록 해야 합니다.

후배들에게 한마디 한다면?

정보보안은 정형화된 지식으로 정의하거나 평가할 수 없는 지속적으로 성장하고 변화하는 분야입니다. 따라서 업무를 수행하면서도 항상 공부하는 자세로 임하여 이론과 경험이 적절히 어우러질 수 있도록 하는 것이 중요합니다.

2. 보안 기획 및 솔루션 운영 총괄 (B사 이OO 부장)

현재 하고 있는 업무는?

정보보안 솔루션 도입을 위한 계획 수립 및 프로젝트 추진, 도입된 시스템의 운영을 총괄하고 있습니다.

가장 힘들었던 순간은?

정보보안 장비의 운영 장애로 인해 대고객 서비스 장애가 유발되었고, 이를 해결하기 위한 시간이 지연되었을 때입니다. 사이버 위협이 진화함에 따라 정보보안 시스템은 대고객 서비스와 긴밀하게 연계되고 있습니다. 과거의 수동적인 감시 형태로는 더 이상 진화하는 보안 위협에 대응이 어렵기 때문에 능동적인 방어 형태로 진화하고 있습니다. 그러다 보니 정보보안 시스템의 가용성이 대고객 서비스에 직접적인 영향을 줄 수 있기 때문에 운영 모니터링에 각별히 신경을 쓰고 있습니다.

가장 보람된 순간은?

도입된 시스템에 대한 제3자 평가에서 우수한 결과가 나왔을 때입니다. 하나의 시스템을 도입하고 통제 절차를 구축하는 일은 많은 노력이 수반됩니다. 예산을 신청하여 승인을 받고, 조직의 여러 이해 관계자와 소통하는 과정에서 겪었던 힘들었던 시간들이 보상받는 순간이었습니다. 또한 다른 기관에서 발생한 침해 사고가 당행에서는 잘 방어되었을 때에도 큰 보람을 느꼈습니다.

현재 하고 있는 일을 하기 위해 갖춰야 할 역량은?

정보보안과 관련된 학위와 자격증도 중요하지만 IT를 더 잘 이해하기 위해 애플리케이션 개발과 시스템 운영 경험도 중요합니다. 정보보안은 IT의 시스템과 프로세스와 긴밀하게 연결되어 있기 때문입니다. 또한 이해 관계자들을 설득하고 그들의 요구사항을 이해하기 위한 커뮤니케이션 능력도 중요합니다. 정보보안은 번거롭고 불필요한 것이라는 잘못된 인식을 바로 잡고, 중요한 비즈니스 요구사항 중 하나로 자연스럽게 받아들여질 수 있도록 지속적으로 커뮤니케이션하려는 노력은 아무리 강조해도 지나치지 않습니다.

후배들에게 한마디 한다면?

정보보안은 통제가 아닌 서비스 관점으로 접근해야 합니다. 통제를 잘 하는 것이 목표가 아니라 통제를 하나의 수단으로 활용하여 기관의 고유 비즈니스를 잘 수행할 수 있도록 지원하는 것을 목표로 삼아야 합니다. 따라서 서비스 마인드를 가지고 정보보안 통제를 적용하려는 노력을 하기를 당부드립니다.

3. 계정 관리 및 접근 통제 총괄 (C사 이OO 부장)

현재 하고 있는 업무는?

정보시스템의 계정을 발급하고 관리하는 업무와 각종 접근 통제 시스템(방화벽, 인터넷, 출력물 등)의 정책을 관리하는 업무를 총괄하고 있습니다.

가장 힘들었던 순간은?

정보보안 사고가 발생한 이후 감독 기관의 감사를 수검하고 규제 요건에 따라 업무를 재검토했던 시기입니다. 사고의 원인을 명확하게 규명하고 재발 방지를 위한 대책까지 마련해야 했기 때문에 업무 수행에 대한 압박감이 높았습니다. 특히 단기간에 보안 통제를 강화하기 위한 프로젝트 여러 개를 동시에 진행해야 했기에 체력적으로도 많이 힘들었습니다.

가장 보람된 순간은?

힘들게 구축한 보안 통제 시스템에 대하여 직원들이 통제 요건을 잘 이해하고 프로세스에 따라 업무 수행이 잘 되었을 때입니다. 특히 과거에 수작업에 크게 의존했던 업무가 시스템을 통하여 효율적으로 처리되는 모습을 보면서 큰 보람을 느꼈습니다.

현재 하고 있는 일을 하기 위해 갖춰야 할 역량은?

먼저 정보보안 업무 요건을 명확하게 파악하고 보안 솔루션에 대한 전반적인 이해를 바탕으로 운영 업무를 수행할 수 있어야 합니다. 그러기 위해서는 꼼꼼함과 치밀함 그리고 새로운 것을 배우려는 자세가 중요합니다. 또한 완벽한 정보보안은 현실적으로 불가능하기에 리스크 기반 마인드가 필요합니다. 따라서 업무를 수행하는 과정에서 정해진 업무 절차 대비 미흡한 부분이 있는지 검토하여 리스크를 파악하고 보완할 수 있는 능력도 중요합니다.

후배들에게 한마디 한다면?

정보보안은 무조건적인 통제가 아니라 정해진 통제 범위 내에서 안정된 비즈니스 서비스를 제공할 수 있도록 지원하는 것이 중요합니다. 이를 통해 정보시스템의 내부(직원) 및 외부(고객) 사용자와 조직의 정보 자산을 보호하는 목표를 달성할 수 있다면 가장 바람직한 형태라고 할 수 있습니다. 이를 위해서는 정보보안 기술에만 편중되지 않고 조직 내의 다양한 업무를 파악하고 이해 당사자들과 적극적으로 협업하려는 노력을 게을리하지 말아야 합니다.

4. 보안 관제 및 모니터링 총괄(D사 문OO 부장)

현재 하고 있는 업무는?

고객사의 사이버 보안 환경을 24*365로 모니터링하여 내/외부로부터의 침해 시도를 탐지하고 적시에 조치 및 대응하는 역할을 수행하는 사이버 보안 관제팀을 총괄하고 있습니다.

가장 힘들었던 순간은?

지난 2003년과 2009년에 발생한 DDoS 공격으로 인하여 인터넷 대란이 발생했을 때입니다. 사이버 공격을 방어하기 위하여 보안 장비를 설치하고 운영하고 있었지만 당시 DDoS 공격에는 속수무책으로 보고만 있을 수밖에 없었습니다. "장비만 설치한다고 방어가 되는 것은 아니구나"라는 것을 느꼈고, 제 자신의 무능함을 생각해보면 그때부터 보안에 대한 생각이 조금 바뀌었던 것 같습니다.

가장 보람된 순간은?

보안 관제라는 업무를 수행하면서 사이버 공격에 대응하는 것도 중요하지만 이러한 사이버 공격에 대비하여 사전에 방어 체계를 선제적으로 구축하는 것이 더욱 중요합니다. 이렇게 구축된 보안 시스템을 적절히 활용하여 대응함으로써 사이버 공격을 성공적으로 방어하고 유입된 공격을 신속하게 탐지하여 피해 확대를 예방하였을 때는 속으로 콧노래를 부릅니다.

현재 하고 있는 일을 하기 위해 갖춰야 할 역량은?

정보보안에 대한 역량이라고 하면 기본적으로 시험이나 학원 등에서 가르쳐 주는 지식, 기술을 갖추어야 하는 것은 당연합니다. 해킹을 방어하려면 해킹을 할 수 있어야 하겠죠. 그런데 저는 폭넓게 IT에 대한 전반적인 지식을 습득할 것을 권장합니다. 공격에 대한 기술이나 방어에 대한 기술들은 개발 환경과 운영 환경 그리고 신기술 등에 따라 조금씩 변하기 때문입니다. 예를 들어 웹 프로그래밍을 할 수 있다면 공격도 방어도 쉽게 접근할 수 있습니다. 또한 현장에 투입되었을 때는 장비만 보지 말고 전체 네트워크와 서비스 구성을 파악하고 있어야 공격의 유무를 신속하게 탐지하고 피해 확산을 막을 수 있습니다.

후배들에게 한마디 한다면?

넓은 시야로 보았으면 합니다. 정보보안은 "A는 B이다"라는 획일화된 개념으로 접근하면 안됩니다. 물론 그런 경우도 있지만 여러 가지 경우의 수를 가지고 분석하고 방어 체계를 구축해야 합니다. 하나의 이벤트만으로 판단하는 경우 잘못된 판단을 할 수 있습니다. 그리고 평소에 IT 동향을 관심을 가지고 살펴보길 바랍니다. 사소한 동향이 나비효과가 되어 심각한 정보보안 위협으로 다가올 수 있습니다. 마지막으로 시스템이 제공하는 정보를 100% 신뢰하기보다는 조언자라고 생각하시기 바랍니다. 최근에는 AI의 발달로 사이버 공격의 탐지 및 대응을 시스템이 100% 할 수 있을 것이라고 하지만 사람이 할 수 있는 것과 없는 것, 시스템이 할 수 있는 것과 없는 것은 분명히 존재합니다. 충분한 지식을 가지고 시스템을 최대한 활용한다면 최선의 결과를 얻을 수 있을 것입니다.

5. 보안 취약점 점검 및 조치 현황 관리(E사 윤OO 과장, 김OO 대리)

현재 하고 있는 업무는?

조직 내 자산(서버, DB 등)에 대한 취약점 점검 수행 및 조치 현황 관리, 외부 감독 기관으로부터의 보안 감사 및 점검 대응을 중점적으로 하고 있습니다.

가장 힘들었던 순간은?

아직 경력이 짧아서 그런지 저는 보안 감사에 대응하는 부분이 가장 힘들었고, 앞으로도 힘든 부분이 될 것 같습니다. 업무상 잘못되거나 미흡한 부분을 개선한다는 측면에서는 좋지만 감사 기간 동안에는 기존 업무를 수행하면서 감사 대응을 병행해야 하기 때문에 정신적, 육체적으로 많은 노력이 들어가는 것 같습니다.

가장 보람된 순간은?

전사적으로 진행된 보안 관련 프로젝트가 성공적으로 마무리되었을 때입니다. IT 유관 부서가 모두 협력하여 1년 가까이 함께 진행했던 건이라, 제 업무 외에 IT 분야를 이해할 수 있는 유익한 시간이었습니다. 그리고 정보보안 관련 문의 사항에 대하여 안내히고 나서 감사 인사 혹은 감사 메일을 받을 때 보람을 느낍니다.

현재 하고 있는 일을 하기 위해 갖춰야 할 역량은?

취약점은 늘 새롭고 다양하게 나옵니다. 그렇기 때문에 국내/외 동향에 항상 귀 기울이는 자세가 필요합니다. 추가적으로 해외 정보는 대부분 영어로 되어 있으므로 영어 공부도 착실히 하는 것이 정보보안에 대한 시야를 넓히는 데 큰 도움이 됩니다.

또한 보안 업무를 적용하기 위해서는 일반적인 경우보다는 예외 사항을 잘 파악하는 것이 중요합니다. 예외 사항을 고려하지 않는 경우 심각한 보안 리스크가 발생할 수 있기 때문입니다. 비즈니스 담당자들은 보안 리스크를 감추기보다는 몰라서 알려주지 않는 경우가 많기 때문에 비즈니스 담당자의 눈높이에 맞춰 커뮤니케이션하려는 노력이 필요합니다.

후배들에게 한마디 한다면?

정보보안 직무로의 진출을 생각하고 있다면 취업 전에 관련된 활동을 해보는 것을 추천합니다. 예를 들어 한국정보기술연구원에서 매년 진행하는 BoB Best of Best가 대표적입니다. 남성이라면 병역 관련해서 정보보호병으로 다녀오는 것도 괜찮습니다. 저도 정보보호병으로 군 생활을 했었는데 침해 사고 대응 업무를 수행하면서 보안 장비나 침해 분석 업무를 할 수 있어서 큰 도움이 되었습니다. 기회가 된다면 꼭 한번 도전해 보기 바랍니다.

6. 개인신용 정보보호 총괄 (F사 이OO 부장)

현재 하고 있는 업무는?

개인정보보호법, 신용 정보의 이용 및 보호에 관한 법률을 조직이 잘 준수할 수 있도록 관리하는 개인(신용) 정보보호 업무를 총괄하고 있습니다.

가장 힘들었던 순간은?

그동안 금융 기관들은 고객 정보를 보관만 하고 있다가 2018년 말에 법적 요건 준수를 위해 상거래 관계가 종료된 개인신용 정보를 일시에 삭제하는 작업을 진행하였습니다. 대량의 정보를 일괄 삭제한 첫 사례였으며, 업무 원장에 산재되어 있던 개인신용 정보를 IT 부문 전체 직원이 3일 간 밤샘 작업을 해야 할 정도로 힘든 작업이었습니다.

가장 보람된 순간은?

법적 요건에 따라 정보보호 관련 정책 및 절차를 개선하면서 고객 정보보호 체계가 잡혀간다는 느낌이 들 때 큰 보람을 느꼈습니다.

현재 하고 있는 일을 하기 위해 갖춰야 할 역량은?

업무의 성격상 개인정보보호 관련 기본적인 법률 지식을 갖추는 것이 중요하며 IT 지식 및 경험을 겸비한다면 빠르게 적응할 수 있습니다.

후배들에게 한마디 한다면?

정보보호 관련 업무는 쉽게 적응하기 어려울 수 있지만 경험이 쌓인다면 전문성을 인정받을 수 있는 영역이므로 충분히 도전해 볼 만한 가치가 있습니다. 4차 산업혁명 시대에 남들과 차별화된 경쟁력을 갖추기를 원한다면 정보보안 직무를 디딤돌로 삼을 것을 추천합니다.

부록

정보보안기사 실기 시험 대비 실습 환경 구축 방법

정보보안기사 실기 시험의 경우 시스템 환경 설정, 명령어 옵션, 로그 분석 등의 실무형 문제가 많이 출제된다. 따라서 단순히 이론만 학습하기보다는 실습 환경을 구축하여 실제로 명령어를 수행해 보고 로그 파일도 확인하는 방식으로 학습을 해야 손과 눈에 각인되어, 문제가 어떻게 출제되더라도 대응할 수 있다. 실습을 통해 직접 확인한 내용은 실무에서도 쉽게 활용 가능하므로 일석이조의 효과를 볼 수 있다.

실습 환경을 구축하는 손쉬운 방법으로, 오라클사의 버추얼박스VirtualBox를 이용하여 집에 있는 PC에서 리눅스 OS 환경을 구축하는 방법을 설명하고자 한다.

버추얼박스 설치하기

버추얼박스는 오라클에서 무료로 배포하는 가상머신 소프트웨어이므로 https://www.virtualbox.org/wiki/Downloads에서 다운로드 가능하다.

사이트의 아래 화면에서 [Windows hosts] 링크를 클릭한다.

VirtualBox
Download VirtualBox

Here you will find links to VirtualBox binaries and its source code.

VirtualBox binaries

By downloading, you agree to the terms and conditions of the respective license.

If you're looking for the latest VirtualBox 6.0 packages, see VirtualBox 6.0 builds. Please also u 6.1. Version 6.0 will remain supported until July 2020.

If you're looking for the latest VirtualBox 5.2 packages, see VirtualBox 5.2 builds. Please also u 5.2 will remain supported until July 2020.

VirtualBox 6.1.2 platform packages

- ⇨ Windows hosts
- ⇨ OS X hosts
- Linux distributions
- ⇨ Solaris hosts

아래와 같이 PC에 설치 파일을 다운로드하고 나서, 설치를 진행한다.

| VirtualBox-6.1.2-135663-Win.exe | 2020-01-20 오후 1... | 응용 프로그램 | 110,102KB |

Ubuntu 리눅스 설치하기

버추얼박스의 설치가 끝났으면 실행하여, Ubuntu 리눅스의 최신 버전을 설치한다.

아래와 같이 버추얼박스 메뉴에서 [새로 만들기]를 클릭한 후 가상 머신을 선택한다.

- 이름: 해당 가상머신의 이름을 임의로 작성
- 종류: Linux를 선택
- 버전: Ubuntu(64-bit)를 선택

[다음] 버튼을 클릭하고 나면 Default로 나오는 값들은 특별히 변경하지 않고 선택하다.

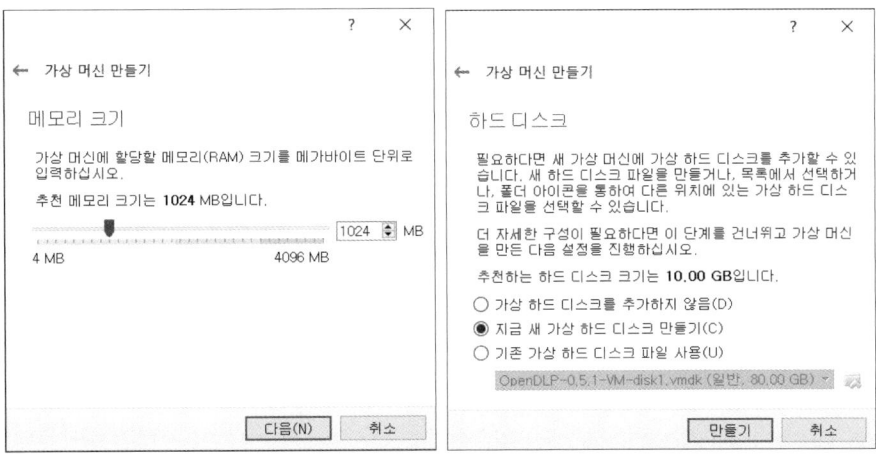

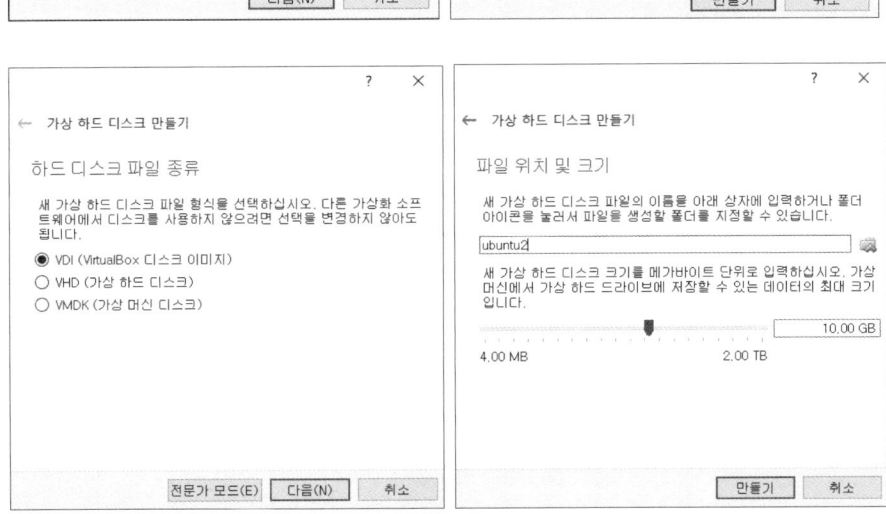

다음과 같이 'ubuntu2'라는 가상머신이 생성되었다.

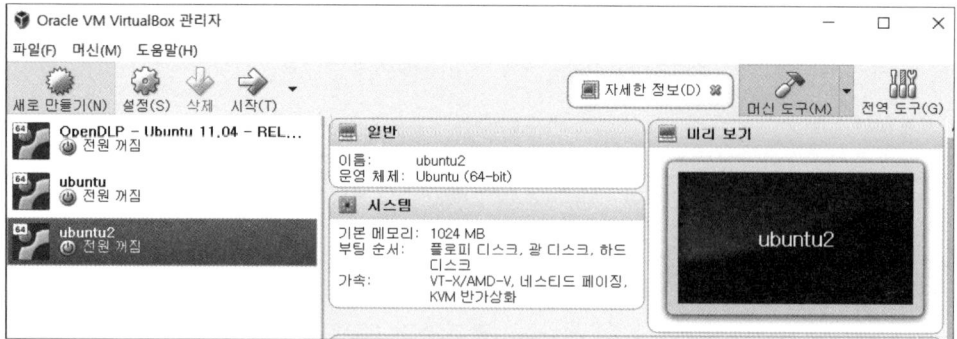

이제 ubuntu 이미지 파일을 https//www.ubuntu.com/#download 사이트에서 다운로드한다.

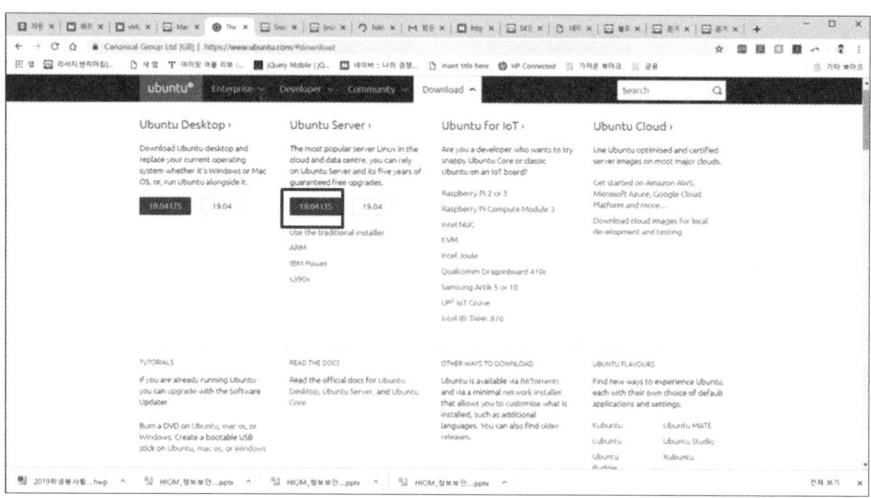

앞서 만든 ubuntu2라는 가상 머신을 더블클릭하면 시동 디스크를 선택하라는 창이 뜬다. 다운로드한 ubuntu 이미지 파일을 탐색기에서 선택하고 [시작] 버튼을 클릭한다.

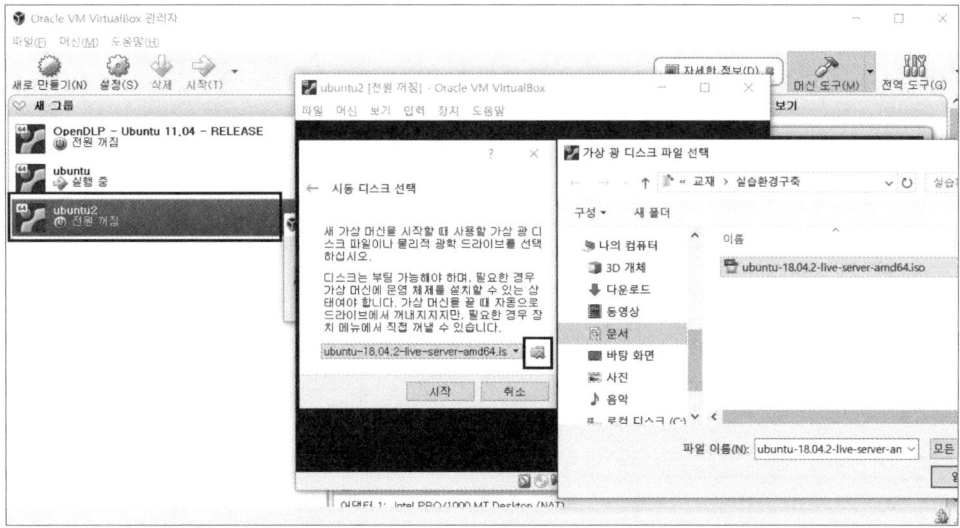

ubuntu를 본격적으로 설치하기 위하여 Language를 선택한다. 여기서는 'English'를 선택한다.

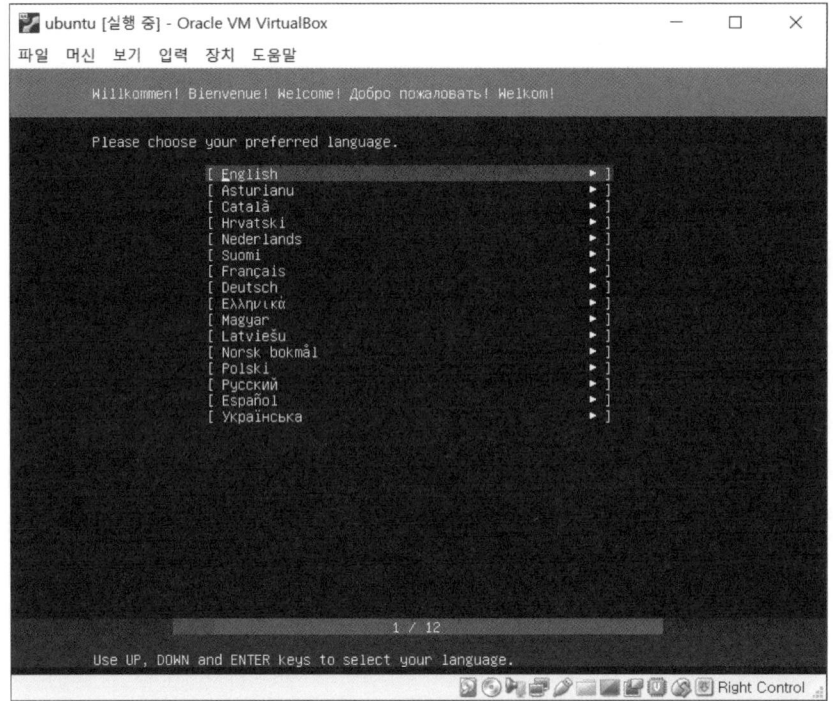

[Install Ubuntu]를 선택하면 설치 과정이 시작되며, 설치 과정 중간에 나타나는 화면에서는 Default 값을 선택하고 넘어가면 된다.

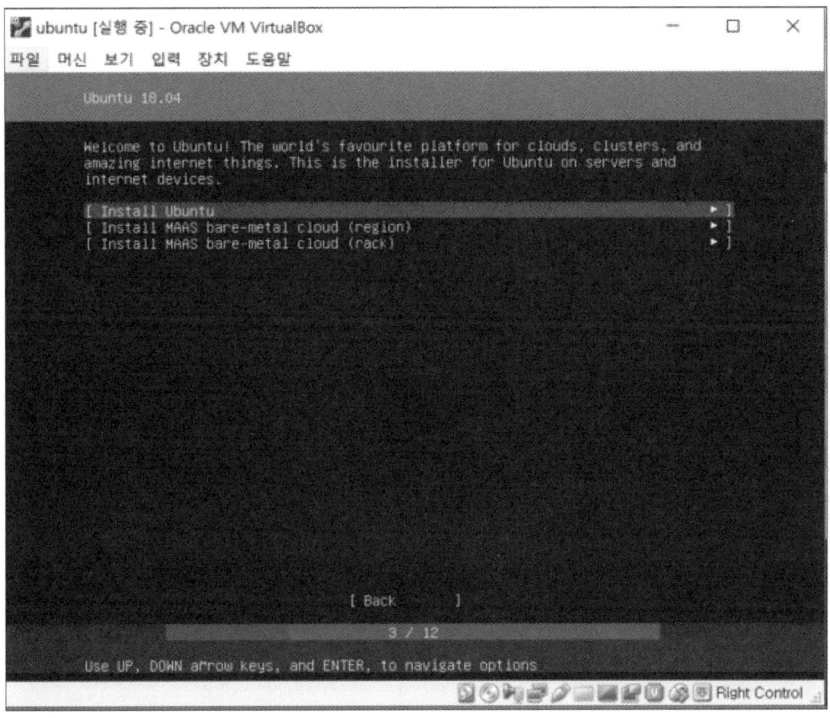

마지막 12번째 단계까지 끝나면 [Reboot Now]를 선택한다.

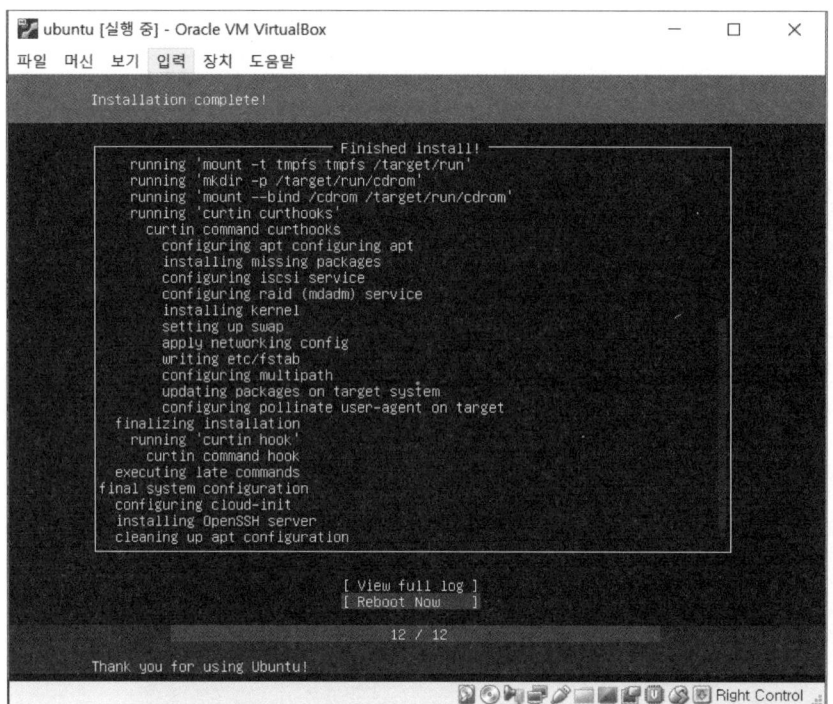

리눅스 커널이 로딩되면서 드디어 login 화면이 나타난다. 여기서는 설치 과정 중간에 등록했던 계정으로 로그인하면 된다.

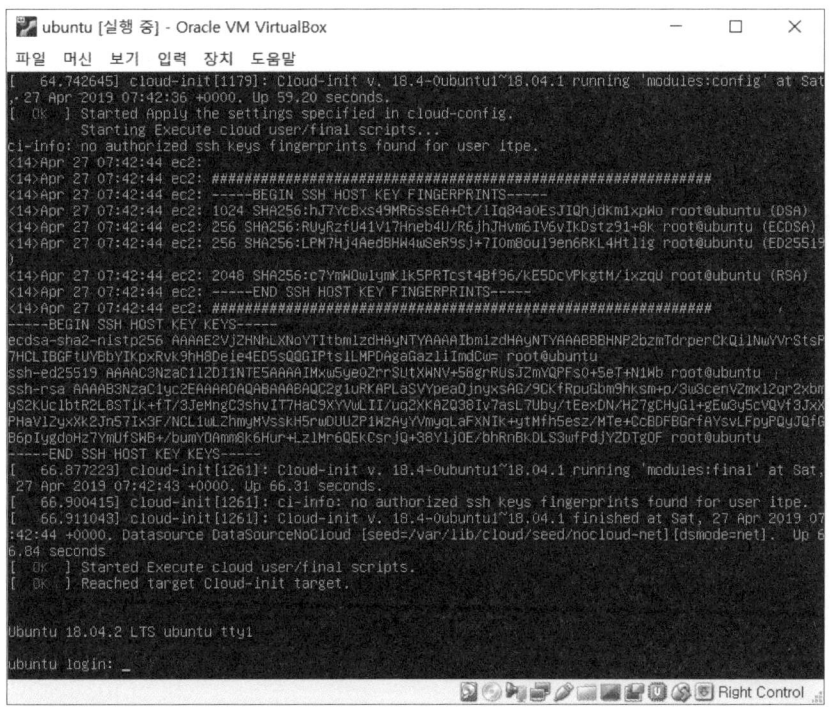

아래와 같이 정상적으로 로그인이 되었다.

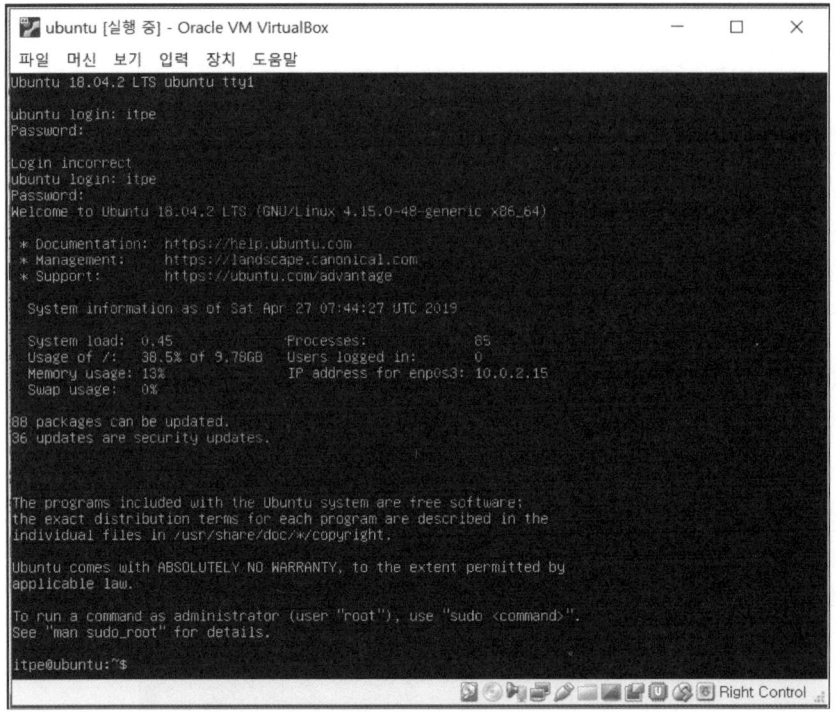

root 계정 패스워드 설정하기

실습을 위해서는 root 계정을 사용해야 하는 경우가 대부분이므로 root 계정의 패스워드를 설정해야 한다.

Ubuntu를 설치한 이후 root 계정의 최초 패스워드는 일반 계정으로 로그인한 후 sudo password root 명령어를 입력하면 된다. 등록할 패스워드를 두 번 입력하고 나면 root 패스워드가 설정되고, root 계정으로 로그인이 가능하게 된다.

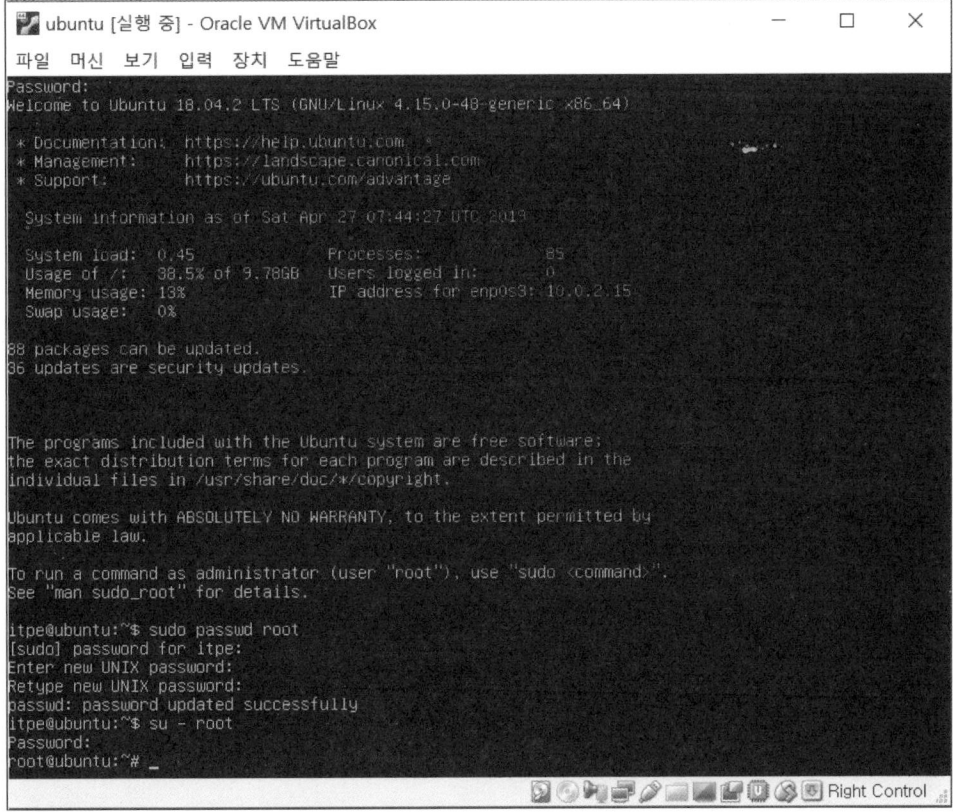

Ubuntu 리눅스 실습 준비 완료

실습을 하는 경우 여러 개의 창을 띄워서 해야 하는 경우가 많기 때문에 putty를 설치하는 것이 좋다. putty는 ftp, telnet, ssh 접속을 지원하는 클라이언트이다.

Ubuntu 리눅스에서 ifconfig -a로 설정된 IP 정보를 확인한다.

putty를 실행한 후 hostname에 위에서 확인한 IP 주소를 입력하고, session명을 입력한 후 save 한다.

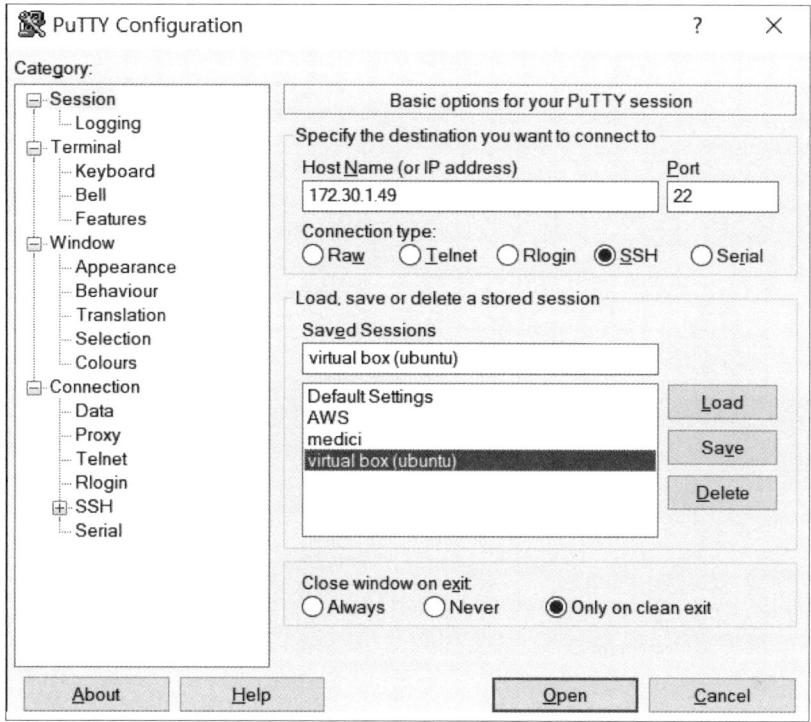

저장된 putty 세션을 더블클릭한 후 일반 계정으로 로그인한다. 콘솔에서는 root 계정으로 로그인이 가능하지만 putty를 통한 원격 접속은 root 계정으로는 불가능하기 때문에 일반 계정으로 로그인한 후 su 명령을 통해 root 계정으로 전환해야 한다.

w 명령을 수행하면 utmp라는 로그 파일을 읽어서 현재 로그인되어 있는 사용자 정보를 보여준다. 아래 화면에서 보듯이 itpe 계정으로 2개의 접속 세션으로 로그인되어 있음을 확인할 수 있다. 참고로 TTY 정보에 tty1로 되어 있는 세션은 버추얼박스에서 콘솔로 직접 로그인한 것이고, pts/0으로 되어 있는 세션은 putty를 통해 원격에서 로그인한 것이다.

```
itpe@ubuntu:~$ w
 12:57:43 up 14 min,  2 users,  load average: 0.01, 0.10, 0.20
USER     TTY      FROM             LOGIN@   IDLE   JCPU   PCPU WHAT
itpe     tty1     -                12:44    5:22   1.12s  0.44s -bash
itpe     pts/0    172.30.1.55      12:54    6.00s  0.37s  0.01s w
itpe@ubuntu:~$
```

이제 리눅스 환경에서 실습을 할 준비가 모두 완료되었으니, 수험서에 나오는 명령어는 가급적 실습을 통해 직접 확인해 보길 바란다. 실습을 통한 학습 방법에 대한 보다 상세한 내용은 필자 블로그(blog.naver.com/stereok2)의 〈IT전문가로 성공하기〉 → 〈보안기사 합격 방법〉에 포스팅된 실기 시험 대비 학습 방법을 참조하기 바란다.